中國學術思想 研究輯刊

四 編
林慶彰 主編

第23冊

王船山《讀四書大全說》研究
——由心性論到知人之學

莊凱雯 著

花木蘭文化出版社

國家圖書館出版品預行編目資料

王船山《讀四書大全說》研究——由心性論到知人之學／莊凱
雯 著—初版—台北縣永和市：花木蘭文化出版社，2009〔
民 98〕
序 2+ 目 2+162 面；19×26 公分
（中國學術思想研究輯刊 四編：第 23 冊）
ISBN：978-986-6449-22-2（精裝）
1.（清）王夫之　2.四書　3.學術思想　4.研究考訂
121.217　　　　　　　　　　　　　　　　　98001905

中國學術思想研究輯刊
四　編　第二三冊　　　　　　ISBN：978-986-6449-22-2

王船山《讀四書大全說》研究——由心性論到知人之學

作　　者　莊凱雯
主　　編　林慶彰
總 編 輯　杜潔祥
出　　版　花木蘭文化出版社
發 行 所　花木蘭文化出版社
發 行 人　高小娟
聯絡地址　台北縣永和市中正路五九五號七樓之三
　　　　　電話：02-2923-1455 ／傳真：02-2923-1452
網　　址　http://www.huamulan.tw 信箱 sut81518@ms59.hinet.net
印　　刷　普羅文化出版廣告事業
封面設計　劉開工作室
初　　版　2009 年 3 月
定　　價　四編 28 冊（精裝）新台幣 46,000 元

王船山《讀四書大全說》研究
——由心性論到知人之學

莊凱雯　著

作者簡介

莊凱雯，台灣台南縣人，碩士畢業於私立東海大學中國文學系，現為國立中興大學中國文學系博士候選人。學術專長：明清理學（明末遺民）、明清文人詩研究。曾任靜宜大學、台南科大兼任講師，目前在中興大學、朝陽科大等大專院校兼課。已發表文章：〈沈重的金鎖──觀《南史》《北史》后妃列傳中男性筆下的女性〉、〈析探明末遺民王船山〈正落花詩〉中的隱喻效果〉、〈《禮記・儒行》篇裡儒者「理想出仕」典型的塑造及意義〉等。

提　要

春秋末，世道衰微，孔子為力救其弊，遂周遊列國傳達理念，企盼當代歸回文王之治。然而，世間情勢非一己之熱情即可了結，孔子遂退以講學、著述作為批判的手段，刪作之春秋更使得亂臣賊子懼。自是爾後，孟子、司馬遷等等無不效法如此手法。吾人可言：知識份子無不對於社會、國家有著一股天生的使命感，他們藉由自身實際的參予、講學、著述等途徑，完成天所予我的生命課題。或則是因為，知識份子的心靈流亡特性，在對過去的難以釋懷，及困擾於現在和未來的悲苦情懷裡。他們不忘歷史使命，更不忽略由人所造成的歷史。人的問題一直以來受到重視，「知人」更是不可忽略的論題。「知人之學」有二：其一為「知自己之所以為人」，即自辨、自我修養的部份；另一為「知他人之所以為人」，即辨人、近似於人物品鑑的概念。在傳統中國典籍中《四書》多存有「論人」的觀念，異於魏晉以來的由外貌品鑑人物，它是更為深刻的探索、分析人入手。因此，關心人事的船山，藉由讀《四書大全》在明瞭孔孟與批判朱熹等人概念裡，於《讀大學說》及《讀中庸說》二書中架構出屬於自己的「知人之學」，其後作品如《讀通鑑論》等，凡論及人物處亦不脫此架構下的規則。

第二章，擬寫船山與《讀四書大全說》之成書所涉及的一些問題。其次，則針對於船山《讀四書大全說》成書時間略為探索。有學者認為《讀四書大全說》是船山中年四十七歲時重要的作品，但是，船山自己卻在詩小序中寫道：四十七歲時「始重訂讀書說」，其間的差異涉及到了《讀四書大全說》中的思想：它是單純作家一個時期的思想代表，或是作家一個時期的思想轉化的呈現，故筆者在此章擬加探索。

第三章，知人之學除了辨己、辨人達到修己治人的成果外，在辨別的過程中它們是否有標準可以依循呢？由自知──知人──知天這一個循環的過程，船山仍不脫舊說以天為一標準，並在《讀中庸說》中立說天道（天之天），言人道（人之天），並且藉由性將這天道與人道做一聯繫。並揭示船山架構出人道實行的重點，及其所謂的君子之道、聖人之道、小人之道、君主之道等概念內容。

第四章，知人之學中首先必要釐清的就是自辨的部份，自辨應由何入手呢？在人所依循的外在天德、王道標準上，接著就應當探究人內在最基本的「心性」問題。

第五章，本章作為船山知人之學的總結。經由上述幾章中所指出的原則與辨己、辨人、修己、治人的基本概念，在此章中將例舉船山在《讀論語說》、《讀孟子說》中所涉及的孔門弟子、歷史人物等辨別方式與內容概念，並釐析其如何將自己由心性論的理念實際的使用在人物品鑑之上，以達鑑古知今，以及其企圖藉作品反省下得以扭轉當代社會變遷的困境。

目
次

序 言

　　初與吾師江乾益先生談「研究生論文寫作目的與價值」時，江老師贈吾人：「言心之所得」一句，二年來反覆思索，偶得船山言「夫讀書將以何爲哉？辨其大義，以立修己治人之體也；察其微言，以善精義入神之用也。乃善讀者，有得於心而正之以書者，鮮矣」（《讀通鑑論》，頁594）。見此字字句句，心喜若狂，讀書不就是如此嗎？若心能契合於聖賢所立之言，實用於修己治人之上，方是究竟。而在釐析船山《讀四書大全說》原典過程中，見其所呈現的知人之學，對於人、應事物等等概念時常使吾人發出驚歎，原來轉一個彎、逆向性思考、相對概念的認知等等方式，都有助於解決人與人之間的困境與糾葛。故本論文遂依循著「言心之所得」，將自己閱讀的所思、所感、所得爲論文寫作的目的。

　　本文的寫作以船山《讀四書大全說》中的《讀大學說》與《讀中庸說》二書作爲其知人之學體系的基本架構，再輔以《讀論語說》及《讀孟子說》二書中的概念與實例作爲印證。然而，《讀大學說》與《讀中庸說》中所呈現的內容有限，又爲使論文行文、邏輯思維具有連貫性，造成未能完整的呈現船山知人之學的全貌，例如：凡論及「性」的議題時，必會釐清「氣質之性」、「天地之性」的爭論，這些論述多出現在《讀孟子說》裡，本文遂略而不談；又如，可由社會現象解釋與探索船山對於「人物品論」的方法，使知人之學的內容更爲精彩，但是，限於社會學學科知識的貧瘠，故於此亦略而不談。凡此種種，均爲本論文內容的遺憾，吾人深切地自我期許，待個人學識涵養、社會經歷豐富後，能補足這些空白。

感謝吾師江乾益先生。老師是我學習中國哲學的啓蒙者，而認眞作學問與教學的態度，皆令我受益良多，在論文寫作過程中也因爲老師不斷鼓勵，更堅定自己完成碩士論文的決心。再者，感謝東海大學劉榮賢老師，簡易引領我踏入王船山生命，刺激我深入探索那無窮寶山。也感謝中興大學劉錦賢老師，在口試時給予許多寶貴意見。

感謝我的父親莊水木先生及母親李淑惠女士，在我學習階段，無論是否盡如人意時，都能無怨地給予呵護與支持；感謝我親愛的兄弟姐妹：雯琪、雅晴、佳璁、純寅、裕方等，對於我的寬愛與包容。

此外，東海大學中文所吳娟萍、簡春月、江佩珍、李智平、謝明輝等，是吾人寫作過程中陪伴在側的摯友，他們提供豐富研究經歷，且專注在學問上的態度，都是足以仿效學習，特此一併至上誠致謝意。

第一章　緒　論

第一節　研究動機

　　中國經歷了幾次朝代更替與轉化，春秋戰國、秦漢、魏晉南北朝、明末清初等，常言道「時勢造英雄」觀在亂世中的英雄人物，除了能利民的上位者之外，另一在社會國家裡具有影響力人物即是知識份子們。由各個面相觀之，歷來凡可稱爲知識分子者，〔註1〕他們均能在身處亂世時顯現獨有的民族

〔註 1〕Edward W. Said，單德興譯，「知識份子的代表是在行動本身，依賴的是一種意識，一種懷疑、投注、不斷獻身於理性探究和道德判斷的意識；而這使得個人記錄在案並無所遁形。知道如何善用語言，知道何時以語言介入，是知識份子行動的兩個必要特色。」頁 57，《知識份子論》*Representations of the Intellectual : The 1993 Reith Lectures*，麥田出版社，2000 年 2 月初版六刷。周志文說，「知識份子所觸及的問題包括層面甚廣，最基本的，是有關本身處境，也就是該如何「安身立命」的問題。明代從中葉之後，知識份子似乎多了一種選擇的機會，他們不見得必須依照傳統的方式，讀書──考試──作官，他們當然還是讀書，否則不能算是知識份子了，但他們可以不再從事政治，而是終其身的與知識維持緊密的關係，也就是投身教育事業，從事民間講學的工作……。」頁 1，《晚明學術與知識份子論叢》〈回音壁旁的爭議──自序〉，大安出版社，1999年 3 月。筆者案，所謂的「知識份子」是指哪些人呢？他又應包涵些什麼特質呢？難道只要一個人，念了幾本書、寫了幾本暢銷作品、或是教學於校園之中……我們就稱他爲「知識份子」嗎？並非如此。周志文指出：讀書──考試──作官，就是中國傳統的知識份子。但是，筆者認爲，這樣的人，充其量我們可以稱呼他們是「讀書人」。然而，他們是不足以被冠上「知識份子」的封號。因爲，所謂的「知識份子」應是指：他們就是行動的本身。他們懷疑、投注、獻身於理性探究和道德判斷，並且能適時的利用語言與以語言介入世界。如同中國的孔孟、朱熹、王夫之等，他們將自己的生命與反思後的思想，二者

優越思維，甚至是個人特出且異於同時代人的性格。當然，大部分的知識分子有著一共同的情懷——具有心靈流亡者的特性。即是我們可以在他們身上發現，那股「對於過去難以釋懷，對於現在和未來滿懷悲苦」〔註2〕的糾葛情緒——他們常常是有意識、自覺地在自己所處的時代裡，扮演著必要且激烈的改革角色。明末清初，船山即為當時極盡一己之力的知識份子。筆者在閱讀葛兆光《中國思想史·導論——思想史的寫法》，偶得以下文字：

> 像明清思想史上習慣的顧、黃、王並稱，而王夫之在晚明與清初思想史上的位置與意義，就是一種追認的結果，我常常希望有人能告訴我，當時有多少人讀過王氏那些在深山中撰寫的精彩著作？反過來，有些思想史上並不占有一段或半頁的東西卻有可能真的在思想史上深深地留下過印跡……〔註3〕

反覆思索葛氏對於船山批評的言論。試問：船山在思想史上的地位，難道只是一種政治性追認結果嗎？他在深山中發憤用心撰寫的文字記錄，就只是獨自閉門造車、自說自話的作品，與當時代並無任何連結嗎？此外，因為他的作品是政治性追認、自說自話、與時代似乎沒有連結等等推測，便直指那些思想不具時代意義嗎？

　　平心而論，探討一時代與歷史相關的種種，必然地得由各角度入手，方能窺其全貌，獨守一隅的詮釋往往容易陷入顧此失彼的窘境，論及船山思想不能只由「其理論是否在當代引起風潮」來加以論斷，筆者認為還得從「知識份子與時代輿論之關聯性」及「知識份子其創作與觀念傳達之必要性」二方面來看待。

　　首先，由「知識分子與時代輿論之關聯性」來談，西方學者艾德華·薩依德（Edward W. Said）曾指出：所謂「一己的知識分子」是不存在的，因為，

結合。他們投身於所處時代環境裏，用心的盡己棉薄之力，只企望牽一髮足以撼動全身，即能以己見略扭轉當時代的困境。筆者認為，也唯有具備有此情懷與激烈特質的讀書人，才足以謂之為「知識份子」。

〔註2〕 Edward W. Said，單德興譯，「流亡是最悲慘的命運之一。在古代，流放是特別可怕的懲罰，因為不只意味著遠離家庭和熟悉的地方，多年漫無目的的遊蕩，而且意味著成為永的流浪人，永遠離鄉背井，一直與環境衝突，對於過去難以釋懷，對於現在和未來滿懷悲苦。」頁85，《知識份子論》*Representations of the Intellectual : The 1993 Reith Lectures*，麥田出版社，2000年2月初版六刷。

〔註3〕 葛兆光，《中國思想史·導論——思想史的寫法》，復旦大學出版社，2002年8月第三刷。

當人們試圖將所思、所感的種種理念，轉化為語言文字並企圖傳達給人時，那麼他就已進入公共世界了。於是，我們可以說，像船山這樣一個知識分子，他思維概念是必然地與當時代思潮有所聯結，例如：具有當時普世價值概念——「經世致用」，此想法不只為明末清初顧炎武等學者們所強調，船山著作之中也屢見不鮮。另外，船山學問研究注重回歸文字本意探究，與清初以來所興起，重視文字訓詁、考證的「樸學」相同。還有，明末遺民試圖從歷史史事中找尋解決現實國家面臨困境的解決方法，於是，「史學」研究在那時蔚為風潮，船山家學《春秋》為主，他也撰寫《春秋稗疏》、《春秋世論》等以《春秋》為探討的書籍，之外，亦有不少史學相關作品例如：《黃書》、《讀通鑑論》等等，均為了反省明亡的原由。簡言之，王船山不可能自己獨自擬造出許多理論，爾後還受到後人重視，他非「一己的知識份子」，而是一個關懷當世且企圖有所為的知識份子。

其次，由「知識分子其創作與觀念傳達之必要性」觀之，船山因政治迫害遁居於深山，卻從未尚失知識份子對於時代應有的使命感，他發憤寫作企圖以語言文字的輿論力量，提供人們反思時代困境的原由，並期待能感染當時人們。當然，他並非單純以創作、書寫、記錄為唯一手段，依《王船山年譜》所載：三十七歲時他曾為來山中的遊客講習《春秋》，藉由講學傳播自己政治、實用種種想法。〔註4〕《四書箋解》、《四書訓義》〔註5〕等書是船山講學時留下的作品、講義。〔註6〕船山從二十八歲始作《周易注》到七十四歲，

〔註4〕 王雲五主編，民國張西堂編，《明王船山先生夫之年表》，「春客遊興寧山中，寓於僧寺，有從遊者，為說《春秋》。」頁17，臺灣商務印書館，1978年7月。

〔註5〕 王雲五主編，民國張西堂編，《明王船山生生夫之年表》，「《四書訓義》三十八卷，案：是書據鄧錄雲：又名授諸生講義。曾刻本以為惟《四書訓義》為先生口授講章，姑從緩刻。……」頁184，臺灣商務印書館，1987年7月。

〔註6〕 周調陽，〈王船山著述考略〉一文中載，「在湘西草堂初刻本《夕堂永日緒論》後，有王敔的學生曾載陽、曾載述附識三則，因其記載了有關船山著述的一些事實，特照錄……」，而在周調陽所集錄的三則之中，第二則指出：「聞之蕉畦業師，子先生自粵歸，丁太孺人之慓，時倥傯治喪，嚴寒一敝麻衣、一襜襖而已，廚無隔夕之粟，因為諸從遊者說春秋以給晨夕。不久辭去，一意著述，不復談科舉。蕉畦師自髫齡迄壯歲，日侍湯藥於左右，亦不訓及也。年六十一，各書著述將竣，于觀生居授四書講義，時灑筆作經書文，隨手而就，亦隨授所問者，而稿本不存。……」頁501，《王船山學術討論集》下冊，中華書局，1965年8月。筆者案，船山一生關心國事，有著身為知識份子的強烈使命感。明永曆四年（1650年）三十二歲，可以說是船山一生的轉戾點。依船山年表記載，當年，他至梧州就行人司行人介子之職，上疏諫言

整個生命歷程非只是一意孤行，他也會嘗試利用不同途徑將所思、所感之理念傳達出去。〔註7〕總言之，船山的思想與創作等未必為當時民間普遍流行，亦非上層思潮主流，或許也令人猜疑船山在思想史上的地位與意義是政治性追認後的結果，但是，不可否認的，船山作品最大的價值——在於其間所呈現思想之矛盾糾葛至開展創新，如實地呈現了明末知識份子面對國家興亡與學術紛亂時個人內心困窘，且欲破繭而出的糾纏心境。〔註8〕

依此，再回想歷來知識分子們所關注的焦點，探索他們所留下的典籍與構思（思想），我們可以說，無論是東方或西方，他們從未停息對「有關生命一切真理」之追尋。然而，「生命一切真理」不僅有抽象思維與體系建構下的

遂與王化澄交惡，王化澄甚至處心積慮欲致船山於死地，船山憤怒激動咯血，移疾求去。八月母親譚氏去世。後又被清兵逼桂林……。此時的船山，無論在政治上或是親情上，遭受到前所未有的困境。他的情緒是瀕臨崩潰，因此當被幽困於永福水岩時，他只能無力的以殘害自己身軀作為抵抗，「臥而絕食四日」。他悲痛於世事險難，感歎於自己局限，搥胸頓足，無語問蒼天。然而，又有誰能明瞭他極度無助情緒呢？總之，船山並非一開始就隱居山林寫作，亦非無情的與社會斷絕關聯，雖在三十二歲遭遇此困境，但之後（至少到三十七歲時）仍不放棄想藉由講學的途徑企圖扭轉逆境。也因此推知，至少船山是在三十七歲之後才漸漸轉型，改而將心力投注於著述上。但是，改變並不表示船山從此絕滅關懷世事的心。其實，我們可經由他的許多著作發現，「關切並試圖解決所處世間事的困境」，就是他畢生專注的焦點。

〔註7〕蕭萐父，〈王夫之矛盾觀中的「一分為二」與「合二而一」〉，「他聲稱自己研究哲學是為了『極物理人事之變，以明得失吉凶之故』（《周易內傳》卷一）；『揭陰陽之固有、屈伸之必然，以立中道』（《張子正蒙注‧序論》）。這是說，他要探究自然和社會的變動原因，揭示客觀矛盾運動的固有規律，以得出一套所謂『中道』理論。」頁90，《船山哲學引論》，江西人民出版社，1993年12月。

〔註8〕《船山全書》第十六冊，「潘宗洛（1657～1716）。任湖廣學政時曾延俊才入幕，襄校試卷，王敔與焉，由是乃知有船山，求讀其書，為之作傳付史館，實為船山之第一篇正式傳記。」頁86，「贊曰：明之支藩，播遷海澨，先生非不知其無能為也，猶間關跋涉，發謨論，攻憸邪。終擯不用，隱而著書，其志有足悲者。以先生之才，際我朝之興，改而圖，何患不達？而乃老於船山，此所謂前明之遺臣乎！及三桂之亂，不屑勸進，抑又可謂我朝之貞士也哉！鄭中丞聞之而加禮焉，有以也，康熙己酉八月既望，提督湖廣學政翰林檢討宜興潘宗洛撰。」頁89～90，嶽麓書社出版，1996年12月。筆者案，或許葛氏的觀點是受了梁啟超的影響。在《中國近三百年學術史》中梁氏指出：「船山，名夫之，……當時名士，除劉繼莊（獻廷）外，沒有一個相識，又不開門講學，所以連門生也沒有。……著書極多，二百年來幾乎沒有人知道。直至道光咸豐間，鄧湘皋（顯鶴）才搜集起來，編成一張書目。同治間曾沅圃（國荃）才刻成船山遺書。」里仁書局，1995年。

「眞理」崇高義，知識份子眞正重視地仍在於解決實際世界「人」所衍生的各項問題。例如：西方柏拉圖對於實際世界中有關人的問題，他以「懷疑獨斷的教義，去批判已成的臆說」，並依此建構起眞正屬於人類理想生活、生存的「理想國」；在中國孔、孟則以積極朝向眞理，以「攝禮歸義」、「攝仁歸禮」、「性善」、「仁政」等思路去實踐聖人、君子、賢君的理想，以成就人們理想爲目標。也因爲這樣東方、西方、遠古與近代對「人」探究的「類群意識」，〔註9〕使得知識份子對於人之生命與生存之道等，凡涉及「人」之種種課題便不得不加以重視。

　　與「人」相關的議題繁多，然而，其中最不可忽略就是「知人」概念。船山於《讀通鑑論》中屢言「知人之哲，其難久矣」〔註10〕、「知人之難久矣」〔註11〕、「君子之所貴於智者，自知也、知人也、知天也……非知人則不足以自知。」〔註12〕等，誠船山所言，君子難得之處在於他能夠自知、知人、知

〔註9〕陳慶坤，〈對中國哲學表達方式的思考〉，「依據美國社會學家吉丁斯的『類群意識』理論，人類意識不論是東方還是西方的、遠古的還是近代的，總有深層吻合點，人類思維的終極追求總有相通處。」《吉林大學社會科學學報》，1997 年第 1 期。

〔註10〕王船山，《讀通鑒論》，「知人之哲，其難久矣。狄公之知張柬之、敬暉，付以唐之宗社，何以知其勝任哉？夫人所就之業，視其器之所堪；器之所堪，視其量之所函；量之所函，視其心之所持。志不能持者，雖志于善而易以動，志易動，則纖芥之得失可否一觸其情，而氣以勃興，識以之而不及遠，才以之而不及大，苟有可見其功名，即規以爲量，事溢於量，則張惶而畏縮，若此者，授之以大，而枵然不給，所必然矣。」頁741，里仁書局，1985 年 2 月。

〔註11〕王船山，《讀通鑒論》，「知人之難久矣，而抑有其可知者，君子持之以爲衡，而失亦鮮矣。人之爲不肖也，其貪愞賊害、淫溺憤亂、得之氣質者，什不得一；類皆與不善者習，而隨之以流，因以氾濫而不可止。故君子之觀人於早也，持其所習者以爲衡，視其師友，視其交遊，視其習尚；未嘗無失，而失者終鮮。拔駔角于犁牛之中，非聖哲弗能也。」頁942，同上。

〔註12〕王船山，《讀通鑒論》，「君子之所貴于智者，自知也、知人也、知天也。至於知天而難矣。然而非知天則不足以知人，非知人則不足以自知。『天聰明，自我民聰明；天明威，自我民明威』：即民之聰明，明威而見天之違順，則秉天以治人，人之可從可違者審矣。故曰非知天則不足以知人。所事者君也，吾義之所不得不事也；所交者友也，吾道之所不得不交也。不得不事、不得不交者，性也；事君交友，所以審用吾情以順吾性，而身之得失系焉。故曰非知人不足以自知。由此言之，極至於天，而豈難知哉？……知此者，恒守而無渝，則象數鬼神赫赫明明昭示於心而無所惑，難矣。然而知此者之固無難也。非是者，謂之玩天而媟鬼，則但籬其術而生死於術之中，於人無擇，於己不審，不亡其身何待焉？」頁469，同上。

天，自知即審視自身、誠己謂之；至於知天則爲另一個層次上的追尋。其中又以知人最爲棘手，它先要以自知爲基石，再輔以其他。因此，釐析知人的概念與內涵更爲第一要務。至於「知人之學」或「知人概念」，其所涵蓋的範疇爲何呢？誠如船山所言：「辨人於早，不若自辨於早也。」〔註13〕揭示著在中國式思維之中「知人」的路子實是有二：其一爲，「知自己之所以爲人」，即自辨（自我修養）；另一則是「知他人之所以爲人」，即是辨人（品鑑人物）。

一、「知自己之所以爲人」，即自辨（自我修養）上：《論語》及《孟子》二書爲歷來研究心性議題者不可忽視的，其中之區分君子小人、嚴辨人禽之異等，其目的均在於「修己」。在「知自己之所以爲人」，因而回歸並認識本然的心性。此外，更懂得藉由不斷的反思自省、知言養氣等工夫，將自己提昇到一個較爲完善的人格境界。奉此類書籍爲圭臬的宋明學者（將《四書》列爲必讀專書），當釐析人所屬的心性及其衍生問題上，無論是程朱或是陸王，雖然在理論、切入角度等概念上有殊途，但是最後仍同歸於關注人對於自身的修養工夫上。

二、「知他人之所以爲人」，即是辨人（品鑑人物）。在人際關係中，除了明白自己之外，「知彼」亦是重要的「知己」途徑。人可藉由觀察他人的種種表現，再進而反思自我，即以他人爲鑑。《論語》爲政篇中一則文字，說明了幾個如何「知彼」的重要概念：「子曰：『視其所以，觀其所由，察其所安，人焉廋哉！人焉廋哉！』」〔註14〕「所以」是指人的起念、動機；「所由」是指人所採取的途徑、方法；「所安」是指人所呈現的態度。因此，經由人處事時三個方向面貌呈現，是足以讓我們察知一個人，再進一步的使人自己反思後達到「擇其善者而從之，其不善者則改之」的自我修養境地。

總而言之，知人之學的意義與價值在於：一、「知人」是一種具有智慧的表現。《尚書‧皋陶謨》言「知人則知」；《論語》顏淵篇記載著：「樊遲問仁。子曰：『愛人。』問知。子曰：『知人。』」〔註15〕仁且智即愛人與知人。再合觀王船山論「知」字，他指出：「知字，大端在是非上說。人有人之是非，事有事之是非，而人與事之是非，心裡直下分明，只此是智。」因此可以說，「知人之學」即是：指可以分辨人的是非，釐清事的是非，及統觀人和事之間交

〔註13〕王船山，《讀通鑑論》，頁5，同上。

〔註14〕宋朱熹集注，蔣伯潛廣解，《四書讀本——論語》，頁19，啓明書局。

〔註15〕《四書讀本——論語》，頁187，同上。

錯衍生而出的是非之學問。當人們能在人、事等具有分辨明釐是非的能力，我們就可以說他「具備了『智』的能力」，再進而能處置恰當則可稱爲「有『智』之人」了。二、然而，所謂的知人、知事物，就只是很簡單的分別其「是與非」、「對與錯」就可以了嗎？並非如此。一個個人本身就具有多義性，若再與其他的人、事、時、地、物等等的對應亦會產生多結果，這也是「知人」議題充滿了挑戰的所在。它是一門綜合性的學問，它考驗著人們思維與觀察力的細密度，及科學精神。總之，歷來知識分子從事於知人問題釐清實有其積極的必要性，除了修己、辨人之外，重要的還是在於實際運用於政治、現實世界之上。王船山，身爲一知識分子當然也具有如此的性格，故本文將針對於以下的問題加以探討：

一、王船山如何建構其心性論到知人之學的路子上

　　船山以「希張橫渠之正學」作爲自我期許，遂使得歷來學者從事於船山學研究時較注重道器、理氣……等方面的議題。但是，就實際上的層面看來，船山努力著書最終的目的是期待能以一己微言，對於現實的社會、政治等環境有批判和改進的作用。落實於現實世界而論，人當然就是其中關注的重點。由孔孟對於心性的揭示以來，小範圍以面對人際關係互動：君臣、父子……等，若再深究其較大的範圍，則是與個人和國家之間有聯係。故本文將藉由釐清船山在《讀四書大全說》的種種概念，觀其如何架構出較爲完善的心性論體系，並且考查其如何運用於歷史人物的評論上，以達致對當代政治上「鑑古知今」的提示作用。

二、王船山如何在《讀四書大全說》中建構其個人思維體系

　　船山出身於書香之家，從小受父親輩與兄長等人的薰染下博通典籍，其思想亦受多人啓發。曾致力於科舉考試的他，涉獵過朱子作品受其影響，故《王船山學譜》中載：「觀其于《大學》爲之衍曰：『……聖人復起，不易朱子之言矣。』其衍《中庸》曰：『……潛承朱子之正宗而爲之衍，以附章句之下，』……先生之學宗程朱，於是可見矣」，[註16]因而在船山的著作中頗多與朱子學說觀點相同或由此而發論述，隨著時間、經歷的增長，我們能在他

〔註16〕王雲五主編，民國張西堂編，《明王船山生生夫之年表》，頁22，臺灣商務印書館，1978年7月。

作品之中窺見思想的轉換，遵從朱說，或知朱說有所缺失時能保持存疑。然而，在船山重要著作《讀四書大全說》〔註17〕卻不再亦步亦趨，僅以朱子之說爲圭臬。《讀大學說》中指出了：「朱子說『鑑空衡平之體，鬼神不得窺其際』，此語大有病在」，〔註18〕又言：「朱子於正心之心，但云『心者身之所主也』，小註亦未有委悉及之者，將使身與意中閒一重本領，不得分明。非曰『心者身之所主也』其說不當，但止在過關上著語，而本等分位不顯，將使卑者以意爲心，而高者以統性情者言之，則正心之功，亦因以無實。」〔註19〕等等直接批判、修正的言論，實是王船山邁入中年時期思想已逐漸成形、成熟，遂始針對於朱子所論述的觀念開始作一統整與釐訂。就是因爲在這種分判條理之下，船山便能將個人的思維體系逐漸建構起來，因爲如此，這轉化值得重視，增益了本文探究船山之學上的價值性。

第二節　研究方法

有關於「人」的研究，其涉及的層面許多，凡生命哲學、社會學、倫理學、心理學、知人學等無一不是，然而這些學問彼此間的概念又無法斷然二分，故聯繫做爲彼此輔助的材料，有助於對「人」問題的深入探討。故本文試圖藉由船山在《讀四書大全說》中論人及修己的說明加以釐清，並略輔以上述各科概念用以揭示船山「知人之學」的面貌。然而，從事於船山學之研究者，常有著煩難與困窘，除了船山的著作書籍眾多難以以一窺知全貌外，王船山喜好隨著經典隨文點說，以比興式論述手法發揮他的思想，故而造成了閱讀者的困難。再加上船山思想脈絡極富辯證意味，他企圖銷融及批判許多層次繁瑣的議題，用以解決宋明儒學和佛老之間原來所潛存的問題等。於是，學者從事於船山之學研究可能必需注意到以下幾個問題：

〔註17〕戴景賢先生云：「……先以有著作時間可考之三書——周易外傳、讀四書大全說、周易內傳爲依據……」頁3；「讀四書大全說成於康熙乙巳，船山年四十七，上距始作外傳恰滿十載，而船山之思想已有變化。然大體仍與外傳之所言可相接觸。」頁37，《王船山之道器論》，廣學社印書館，1982年12月。筆者案，以《讀四書大全說》爲王船山四十七歲（中年）時期之代表作品是值得再商榷的。本文擬於第二章節對此問題將有討論與說明。

〔註18〕王船山，《讀大學說》，頁424，《船山全書》，嶽麓書社出版，1991年12月。

〔註19〕王船山，《讀大學說》，頁400，同上。

一、歷來詮釋者在方法上的貧乏與局限

　　傳統學者一向注意對經典的具體解釋、詮釋。然而，中國傳統經典詮釋不外是「我注六經」與「六經注我」二種型態，極少學者對解釋、詮釋的方法進行歸納，一直到西方詮釋學、解釋學出現逐為近來學術研究上所使用，用以作為一具有普遍意義的文本詮釋方法，學者們將西方理論基礎與傳統思維結合起來，嘗試建立具有中國特色的詮釋理論與方法。〔註20〕如傅偉勳「創造的詮釋學」中提出，以實謂、意謂、蘊謂、當謂、必謂等五個層次，分別說明學者在詮釋的過程中經由不斷追問、思維，最終達到自我轉化，也能由批判的斷承者轉變成為創造的發展者。因在如此析理步驟之下，傳統經典的豐富資源將再度擁有蓬勃的生命力。此外，成中英「本體詮釋學」也曾將經典詮釋內容劃分二個階段，一為「本體意識的發動」階段，其中包涵了客體獨立性、客體完整性、知的實現性、意義和諧化等四層；另一為「理性意識的知覺」階段，包括了現象分析、終極意義、邏輯與語言、歷史發生、效果分析等。在以理性延展經驗，以經驗範導理性之雙向互動為主，此詮釋學雖深受西方哲學影響，但最終仍以中國哲學為主。其他有黃俊傑「以孟子為中心的經典詮釋學」、湯一介「創建中國解釋學的構想」等等，凡此種種均是近來受西方科學研究方法影響下所產生的詮釋學理論與方法。

　　平心而論，歷來從事詮釋學工作時往往具有局限性，實在是由於傳統學者從事經典內容詮釋時，總不脫離以下方式：一、針對於解釋名物、典章制度、疏通文義為主的語文學詮釋類型；二、增補史實、提供背景為主的歷史考據學詮釋類型；三、側重挖掘文本文字中的深層含義，即探求文本「微言大義」的政治學詮釋類型；四、側重討論和發揮哲學命題的思辨哲學詮釋類型。〔註21〕而這些詮釋方法都會遭受到以下的難題：

（一）詮釋者的內在涵養

　　針對於「經典詮釋」議題上，首先的癥結點在於詮釋者自身。我們可以說，凡典籍涉及詮釋時，往往會因為作者個人學識、經歷、或刻意傳達個人某種理念、或則所處的社會環境、思想風潮等主、客觀因素的影響下，無不

〔註20〕景海峰，〈解釋學與中國哲學〉，《哲學動態》，2001 年，第 7 期。
〔註21〕王勳敏，〈知識理性與價值理性──中國古代文本闡釋的雙軌與多維〉，《湖北大學學報》，1996 年第 2 期。

使被詮釋後的經典呈現了「獨特性」、「個人化」的現象。〔註22〕然而，什麼樣的詮解才是最貼近經典的原來意旨呢？這樣的疑惑同樣發生在朱子學生身上，《四書或問》記載朱子學生提出了以下疑問：

> 此經之序，自誠意以下，其義明而傳悉矣。獨其所謂格物致知者，字義不明，而傳復闕焉。且為最初用力之地，而無復上文語緒之可尋也。子乃自謂程子之意以補之，則程子之言，何以見其必合於經意；而子之言，又似不盡出於程子。何耶？〔註23〕

由上述中可知：經典在流傳過程裡不僅會有「簡略」、「斷簡殘篇」、「年代久遠」等情況，也會因為如此讓人產生困惑。於是，朱子學生認為既然原始典籍中對於「格物致知」義的說明早已是付之闕如，又無法由語勢、脈絡中找出原典所指，那麼有什麼樣的方法才能使詮釋後的經典較貼近原始典籍本意呢？另外，朱子學生提出，朱子以程子的「格物致知」義作為原始典籍本意的說明，如此詮釋手法是否恰當？還有，朱子若以程子之說作為個人詮解經典的依據，推而論之，朱子必肯定且信任程子所詮釋「格物致知」義。但是，令人感到疑惑是：「為何朱子只取其中一二的觀念加以深論，而非全依程子之說呢？」

　　針對朱子學生所提出詮釋上質疑，吾人歸納如下：一、「典籍詮釋」並非只是 a 等於 b（a＝b）；或是 a 變成 b（a→b）的結果探索（圖一），文學理論中有所謂「讀者反應論」應可解釋典籍詮釋上的困窘（圖二），或許我們可以說在解釋、詮釋過程裡必然地有著「作者所以然，讀者未必不然」的感受。詮釋是隨個人經驗與環境、社會等等因素交替循環、層層相因的理解後之結果，簡言之，它是「a 與非 a」、「a 近似非 a」（a≒非 a）之間的探討。〔註24〕

〔註22〕張立文，「大凡一種新的理論形態的出現，都要從自己的新視角、新思維、新觀念出發，重新解釋經典文本：這種解釋的過程，亦是對經典文本重新選擇的過程。這種對經典文本的重新選擇：一方面表明新的理論形態有其傳統經典的依據。這在視經典文本為金科玉律的時代，新理論思維可藉以避免被目為叛經離道的罪名；另一方面說明新理論思維有其經典文本的依據，而不是憑空獨撰，減少學者士子的懷疑心理，便於被人所接受認同。但又不能完全沿襲舊的理論思維形態所固有的經典文本，所以重新選擇，確立新選擇經典的地位。這便是朱熹四書學建構的因緣所在。」頁77，《船山哲學》，七略出版社，2002年12月。

〔註23〕（宋）朱熹撰，黃珅校點，《四書或問》，頁20，上海古籍出版社，2001年12月。

〔註24〕王勳敏，〈知識理性與價值理性──中國古代文本闡釋的雙軌與多維〉其中指出了：「伽達默爾認為詮釋學的經驗和結構表明，人們對於傳統的興趣，並非

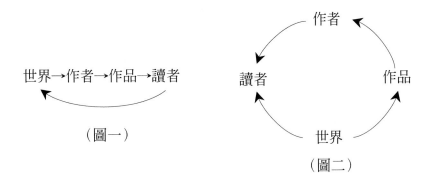

（圖一）

（圖二）

　　無論屬於文學性或哲學性的創作，作品的產生必包涵了「作者」、「作品」、「讀者」、「世界」四者，且此四者必爲交錯循環關係。作品因作者的創作而具生命力，作品也會因讀者詮解而再續其生命力。也因此，若欲探究一個哲學思想家（作者）其理論、思維脈絡前，則要將周圍的積累——無論是個人或社會環境等之影響，一一加以釐清。因此，詮釋者應具有足夠的學識涵養才不致於挂一漏萬。但是，大致上而言，無論涉及何種問題的探討、或文學創作的呈現，彼此雖殊途，若其最終「目標、目的」一致時，則廣義來說，其「歧異性」應不會產生絕對對立與衝突。因此，要若論及詮釋上會產生較大的差異性關鍵應從：「切入角度」、「基本謂詞範疇界定」、以及「思維邏輯中的概念與觀念」此三者入手。

1. 詮釋者的切入角

　　學者對於內容從事詮解時，因個人觀察與關心的議題不同，因此，相對的切入角度也會不同。例如：程朱與陸王對於「知」有著不同認知。朱子認

發思古之幽情，而是由於對自身所處的環境，對當代的關注所激發。人們總是立足於特定的『視域』解讀歷史文本與傳統進行對話，在一種和歷史文本的問答關係中形成新的視域，實現『視界融合』。人類歷史性原則同時也決定著歷史文本意義的開掘和發現是一個無限的過程，『本文的意義超越它的作者，這並不只是暫時的，而且是永遠如此的，因此理解就不只是一種複製的行爲，而始終是一種創造性的行爲』」頁 66，《湖北大學學報》，1996 年第 2 期。案：王氏認爲如同伽達默爾所言，歷來從事詮釋學的人們，他們雖是本著原典，但卻往往站在個人所處的時代環境與個人關懷焦點上，加以理解並詮釋所見到的原典內容。因此，這樣的詮解活動不只是一種複製的行爲，它實是一種創造性。誠如上文中筆者所述，原典與詮釋的原典二者之間非只是相等，相反，或相近的關係而已。

爲「格物」與「致知」二者是一樣重要的,「格物」目的在「致知」;「致知」的先決條件必在「格物」。朱子學以「理」貫穿理論架構。我們可以說,在以「理」作爲切入點、及思維系統中心之下,得知朱子所言「『知』是指對『物理』的把握」;反觀陸王系統,凡有關人事物探索均以「心」作爲先決條件、主要切入點,雖陸王亦言「即事言理」、「即物言理」,但是,觀其所指「事理」、「物理」都著重在於「人面對事物時的倫理態度」,因此,我們可以說陸王所論的「『知』是對於『倫理』的探究」。這也就是吾人所謂:當作者、詮釋者切入角度不同時,就會造成不同詮解結果。

2. 詮釋者對於「基本謂詞範疇」的界定

其次,再談到另一個用以釐清經典詮釋的重點──各個學者對於「基本謂詞範疇界定」認識。所謂的「基本謂詞範疇界定」,簡單的說,就是指學者們思維中對於「最『基本(礎)概念』指涉內容與範圍的界定」。牟宗三先生指出:「從個體抽離出來,我們便叫它是共相或共理。落在具體的個體上,便是這具體個體的些性質或特性。對於一個具體的個體能加一謂詞,便陳述了它的特徵。加一謂詞亦可以說是加一概念,這就表示謂詞代表一個共理。下定義便是用謂詞去規定一物之特徵並劃定它的類界。但是在下定義時,可藉將謂詞分爲五種形式以明定義之完成。此即亞里士多德所謂『五謂』(five predicables)。五謂:(1)綱(Genus),(2)目(Species),(3)差(Differentia),(4)撰(Property),(5)寓(Accident)」我們可舉一例以明之。如:人=理性的動物。「人」是所要界定的「目」,把人劃在動物類裡。……依此,「動物」這個類名即爲「綱謂」。……再用差將類中的目與目區別開。上例定義中「理性的」一形容詞即表示「差」,故曰「差謂」。……或曰:差與綱是謂詞,目何以亦說爲謂詞?曰:「人」這個概念,未下定義時,只是一個無意義的符號。下了定義,它的意義即是差與綱所表示的。它與綱所表示的爲同義語。此時它不只是一個無意義的符號,它是一個概念,一個意義。我們拿這個概念或意義去論謂某一具體的存在……」。〔註25〕

依此推知,船山言「志=具體呈現的心」,與朱子言「志=具體呈現的情」,二者在基本的綱謂上就不同了,其所表示「志」的意義也就一定不相同了。由上述可知,「志」這一個概念,船山將其歸納在「心」的範疇中,而朱

〔註25〕牟宗三,《理則學》,頁9～12,正中書局,1999年12月臺初版第十四次印行。

子將其安置於「情」的範疇；船山依傳統詩學理論中「在心爲志」的理解說明「志」，朱子則以「志」爲公情，爲有利於眾人之情。此外，情除了公情之外，亦包涵了私情，依此可知爲何朱熹有著「情大志小」的說法了。總之，就是在「心」、「情」、「志」此三者的概念界定不同，造成了詮解上的歧異性。若欲釐清學者間對典籍詮解結果歧異及學者個人思想架構的釐清，則可先由此入手，再輔以學者特定的思維脈絡，在經緯相輔之下必可分析、窺知各個學者的特色。總之，針對於船山這樣博通古今典籍及具深厚文字、訓詁等等能力的學者而言，釐清其基本概念所指涉之內涵，更爲研究其學術思想首先必需著手的功夫。

（二）詮釋者的概念與觀念

最後，則是「思維邏輯中的概念與觀念」之釐清，此乃影響著學者整體思維脈絡的進行。牟先生曾指出：

> 觀念是動態的，表示主體對於外物的反應或聯想，由之以引起指點未來的行動。譬如見橘子引起「可以吃」的觀念……它不必表示外物「是什麼」的確定認識。〔註26〕

> 概念則表示外物「是什麼」的確定認識，它是靜態的，它表示認識的對象，是客觀的義理。對於外物有了概念，即表示有了確定的認識，認識了一個客觀的義理。〔註27〕

觀念與概念的釐清對於從事詮釋者而言是相當重要的。在中國傳統思想、詮釋中，使用方法多是屬於觀念陳述，其中缺少了精密性；然而，探究一個議題是往往必須加入許多變因，未有單純回歸到物本身探討，容易造成了愈詮釋愈加迷惑的情狀。可以說，中國式的思維、體系呈現，與西方式具有邏輯性和思維條理化後再建立起解決問題的體系，並以此做爲最後對於「人」問題科學的詮釋，此二種方式是不盡相同。中國式思想體系建構，它往往是在多軌與多維的交錯下，而成就的獨特思論系統。也因此，從事於中國思想中有關「人」議題時，所要釐清的層面更顯得棘手與富挑戰性。

明末清初，中國多少受到西方科學思潮影響，從事於學問研究的方法也受到了影響。〔註28〕雖未有直接的證據足以說明船山曾學習西方科學方法，

〔註26〕牟宗三，《理則學》，頁1，正中書局，1999年12月臺初版第十四次印行。
〔註27〕牟宗三，《理則學》，頁1，同上。
〔註28〕林安梧，「自明朝中葉以後，傳入了西方的「質測之學」，它漸漸在士大夫之

但是，船山的好友方以智，在質測之學頗有成就，船山又多與方以智有學問上交流，多少也受其影響。〔註29〕此外，船山也曾對基督教有所探討，諸多可能皆可推知，他至少對西方文化略有所涉。雖然本文重點不在於船山是否學習過西方科學或受當時西方科學風潮影響多少，其實是在於船山許多涉及對物的說明、詮釋近似於西方實事求是精神，亦即可視為詮釋經典上的另一進展。本文擬就船山所詮釋的格物致知義，探索其思維脈絡及其詮釋之價值。

二、王船山的「兩端一致」相對對比辯證與「歷史歷程義」詮釋方法

在屬於中國式哲學性著作中，不乏夾雜了許多撰寫者個人論辯性思維的文句，讀者若未能釐清作者寫作思路間的概念與脈絡，則容易掉入作者所自我建構的世界，進而產生閱讀上「理所當然」、「亦步亦趨」沒有思辨能力的困境。船山詮釋經典採用「兩端一致」的方法，這是異於當時其他學者論述。所謂「兩端一致」顧名思義，它即是指論述概念時不以建立的絕對兩端對等，甚至是簡化地二分法。著重於實際宇宙世界探索的船山，著作中屢見其以自然、實際生活中的知識來證明抽象概念，例如，歷來學者將氣區分二，即陰氣、陽氣。但是，船山論「氣」時則以自然界花成長為果實來比喻它，花成為果實內涵包括著芽——蕊——花——實——芽的歷程，因此不可以斷然言芽是芽、花是花，〔註30〕故船山認為「一氣實含陰陽」。此外，王船山論知行概念時並不與之

間形成一股力量，這股力量掃除了中國以往喜將自然現象和人文現象掛搭在一起的玄學解釋，而形成一股「啟蒙」作用。……由於這些「實學的資源」才使得晚明的知識份子在相應于虛浮的學風之下所作的「實學要求」能得落實。」頁11～12，《王船山人性史哲學之研究》，東大圖書，1991年2月。

〔註29〕蕭萐父，〈王夫之矛盾觀中的「一分為二」與「合二而一」〉，「……這顯然是對方以智哲學中把「合二而一」的「一」理解為「用一貫二」、「用一化二」的「大一」、「真一」這種形而上學觀念進行了批判。方以智的哲學體系中有豐富的辯證法，但他的矛盾觀頗受天臺宗所謂「圓融三諦」之類的貌以辯證法的形而上學思辨的影響。……『非合兩而以一為之紐』，雖只這麼一句批評，但可以看出他在矛盾觀上的思維水平，比同時代的方以智略高一籌。」《船山哲學引論》，江西人民出版社，1993年12月。筆者案：方以智為王船山的好友之一，擅長當時所傳入的西方質測之學，屢勸船山逃禪，但被船山拒絕。在兩人長期的交往與思維的辯論中，難以斷言二者思想不有相互影響的情況。

〔註30〕蕭萐父，〈王夫之矛盾觀中的「一分為二」與「合二而一」〉，「他力圖利用自然知識來加以證明。例如植物的生長過程，表面看來，「非芽不蕊，非蕊不花，非花不實，非實不芽」。似乎只是一個因果聯繫過程，沒有什麼內在矛盾。但

前學者相同，他不爭辯「先知後行」或「先行後知」，而以人學棋來說明他的知行觀，指出「知行相因」即：知中有行，行中有知。〔註 31〕

　　船山論述的循環、相因理念，蕭蔆父稱此爲「王船山的矛盾觀樸素辯証思維」、「王夫之繼承和發展張載的『一物兩體』、『動非自外』的思想」，甚至較張載思想更爲精密。〔註 32〕另外，亦有人稱此爲「王船山『兩端而一致』對比辯證思維」。筆者認爲，亦可稱船山的思維方式爲「『兩端而一致』相對對比辯證思維。相對對比是因爲在船山思維理念之中僅只以「相對性」來看待事物發展，「絕對性」概念容易衍生諸多難解問題非船山所喜好使用的方法。例如：一般人常以是非做爲對比的概念，但是，在船山認知裡「非不對是，非者非是也」，〔註33〕又如論及人性之善惡時，船山不絕僅區分爲善、惡二類，而是以善與非善之相對概念來探討。杜保瑞曾在〈從氣論進路說船山的人道論思相〉中更直指，「船山在宇宙論中對於『惡』沒有給予存在地位的觀念」。〔註34〕當宋明理學者不斷釐定「存天理，去人欲」絕對對立的思維時，船山卻由人本然就具有的基本需求：食、衣、心理需求自我實現的需求，〔註35〕

　　　　　是「進而求之」，就會發現：……但歸根到底，其生成變化的根源在於內部的「兩端」，即自身的矛盾。」頁 92，《船山哲學引論》，江西人民出版社，1993年 12 月。

〔註31〕王船山，《讀大學說》：「格致有行者，如人學弈碁相似，但終日打譜，亦不能盡達殺活之機：必亦與人對弈，而後譜中譜外之理，皆有以悉喻其故。且方其迸著心力去打譜，已早屬力行矣。」頁 409，《船山全書》，嶽麓書社出版，1996 年 12 月。

〔註32〕蕭蔆父，《船山哲學引論》，頁 92，同上。

〔註33〕王船山，《讀大學說》，「其雲『天理動靜之機』，方靜則有是而無非，方動則是非現，則『動靜之機』即是『是非之鑒』也。惟其有是無非，故非者可現；若原有非，則是非無所折衷矣。非不對是，非者非是也。如人本無病，故知其或病或愈。若人本當有病，則方病時亦其恒也，不名爲病矣。」頁 393，《船山全書》，同上。

〔註34〕杜保瑞，〈從氣論進路說船山的人道論思相〉，《哲學文化》20 卷第 9 期，1993年 9 月。

〔註35〕張春興，指出西方學者馬斯洛（Maslow）「需求層級論」中說道屬於人的需求有：「一、基本需求有四個：分別是心理需求，安全，隸屬與愛的需求，自尊需求；二、成長需求有三個：分別是知的需求，美的需求，自我實現的需求。」頁 303～307，《教育心裏學──三化取向的理論與實踐》，臺灣東華書局，2002年 2 月修訂版第二十四次印刷。筆者案，在王船山時代未必能有如此精細說明人活著漸進性的需求理論，然而，就因爲王船山的不以絕對性二分的論斷語氣討論人生，因此，反而更能夠深入人生的各個面相。如其于《讀大學說》中談到：「黃氏說『氣稟所拘有分數，物欲所蔽則全遮而昏』。不知物欲之蔽

從另一角度說明「人欲」。他認為孔孟其實也有「大欲」，他們的大欲是為了國家社會，因此也可以稱作「志」，諸如此類理解方式，或許誠如蕭萐父所言，是當時的社會環境的衝擊，造成王船山在詮解時更注意到這樣的矛盾情節，因而不得不更易原本固執的思維形態，〔註 36〕亦或可謂此觀念乃是孟子「證父攘羊」、「援手救嫂」等「權變」概念的衍生與開展。然而，不可否認的，在思辨歷程裡以「相對性多面相思維」概念加以陳述，會較「絕對性獨斷思維」概念更具說服力。因此，「王船山『兩端而一致』相對辯證思維」的詮釋手法，是從事研讀船山著作時必需注意。

其次，由上述的「兩端一致相對對比辯證思維」下，另一個值得注意即是船山「歷史的詮釋方式」及其注重「歷程」意義。重視史學研究的船山，對於實際事件常在探索後尋理出其脈絡，而謂之「道」，並且認為「道」是透過時間這個向度而開展。簡而言之，在船山「歷史的詮釋」方法上，凡涉及人事物呈現狀態的說明，必須是融合「道和時間二者結合開展後的成果」，至於居其間的「歷程義」亦不容輕忽。〔註 37〕例如，船山論「格物與致知」之關係時，並非斷然分別為二，他注意到了格物 ←→ 物格 ←→ 知至 ←→ 致知之間歷程義，認為歷程是具有循序漸進性，但是又必須注意歷程並非只是

亦有分數。如淫聲淺而美色深者，則去耳之欲亦易，未全昏也。曾見魏黨中有一二士大夫，果然不貪。他只被愛官做一段私欲，遮卻羞出幸門一段名義，卻於利輕微，所以財利蔽他不得；而其臨財毋苟得一點良心，也究竟不曾受蔽。此亦分數偏全之不齊也。」由人的欲望部份來加以探索，財是人的物欲，名位亦是。然而，人被物欲所蔽，並非就指這個人具有全部的欲望，因為，有些人並不愛財而只愛位。總之，「欲望」在王船山的概念之中是偏於「自我實現的需求」上而論，每個人對於自己都有所期許，無論這個期許是有利於何者，這便是欲。

〔註 36〕蕭萐父，《船山哲學引論》，「當時各種社會矛盾的複雜交錯和急劇轉化，推動王夫之正視現實矛盾，為總結明亡教訓而清算宋明道學。邵雍以及朱熹的矛盾定位論及其形而上學兩分法，被他認為是一種「賊道而有餘」的謬論。明亡後，他在流亡中寫出的第一部哲學論著《周易外傳》就給予了重點批判，在批判中展開了他的關於矛盾同一性的樸素理論。」頁 102，江西人民出版社，1993 年 12 月。

〔註 37〕林安梧，「所謂『影響之探究』指的是道經由人而在歷史之場域中開顯為具體的器物制度，一旦開顯為器物制度則道必得駐貯其中而成為一客觀之道，既為客觀之道則有其獨立的勢力而參與於歷史之中。船山所謂『因其時，度其勢，察其心，窮其效』指的是順著時間的次序，理解道開展之理勢，而諦知道之開顯者的心靈，探究其影響與作用。」頁 83，《王船山人性史哲學之研究》，東大圖書，1991 年 2 月。

a→b→c→d層層遞進，從船山理解a→b→c→d間是層層交錯互相影響
的。就如同「道」，它是一個方法、途徑歷程，然而若觸及到的人、事、時、
地、物有差異時，它是具變通性。也因此，船山認為絕不是「格物」之後就
可以保證達到「致知」的境地，反之亦然。又如船山詮解「為政以德」指出
了：「蓋以施於民者言，而非以君德言也。……如欲正人以孝，則君必行教
道而有得於心；欲正人以慈，則君必行慈道而有得於心。其以此為政也，動
之於微而未嘗有及於民之事，而理之相共為經綸、氣之相與為鼓盪者，以居
高主倡，自有以移風易俗而天下動矣。」〔註38〕因此，君主「為政以德」
的歷程應是：

> 君 ⟷ 行孝（君有德）⟷ 有得於心（為政、為正、心正）⟷ 以
> 德（以此為政、施之於民、以正部份實施）⟷ 達到移風易俗

就船山理解：並非是君有「君德」或「以德作為政策」，便能達到移風易俗的
成果。「移風易俗」是有歷程性，必須依著「因其時，度其勢，察其心，窮其
效」時間次序循序漸進，如此才可以真正達到君主「為政以德」成效。因此，
無論是從理論或實際的世事，船山都不忽略此「歷史歷程義」探索，故從事
研究時要明瞭其詮釋方法。

第三節　前人研究成果

　　今人從事於船山學研究的專書著述、期刊論文等汗牛充棟，於此未能一
一羅列說明，故筆者只針對於本文撰作上較具助益與啟發作用之專書，茲述
其一、二。

一、林安梧《王船山人性史哲學之研究》評介

　　凡閱讀船山著作之書，總能發現其中涵蘊著歷史性的歷程義觀念，此論
述哲學方式為前所未有，亦為船山學具有活潑性的原因所在。然而這種「歷
程義」觀念不只出現在船山的史學，其政治學、人性學等上依此作為思維的
方式，對於他而言：「歷史 —— 政治 —— 人性」此三者間是有著密不可分的
聯繫。林安梧於此書中揭示道：

〔註38〕王船山，《讀論語說》為政篇，頁596，《船山全書》，嶽麓書社出版，1996年
　　　　12月。

　　值得注意的是，船山立言喜歡掛搭著天道論來立說，但這並不就是
　　說船山先有天道論，後才有人性論，後才有歷史哲學。事實上，船
　　山學的詮釋起點是人，因爲惟有人是天地之心，人才具有理解及詮
　　釋的能力，由理解、詮釋而批判、創造，人開創了一個寬廣的歷史
　　天地。〔註39〕

船山「希張橫渠之正學」的自我期許，加上較多著作如《尚書引義》、《周易
外傳》、《張子正蒙注》等涉及於道器、形上的觀念，遂使得歷來學者從事於
船山學時多著重於此方面的研究；此外，再加上船山個人在於史學上獨特成
就，學者論及船山知人之學、史學則都不忘以《讀通鑑論》、《宋論》爲研究
對象。林安梧以王船山學「實際上應由人入手」的觀點論述，無疑是挑戰著
歷來研究船山學學者的觀點。平心而論，此論述方向其價值是不可否認的。

　　明末清初，環境巨變及學術思潮的轉變都在此時期文壇上起著莫大的影
響。無論在文學創作、思潮更易等都給予當時諸多學者衝擊，特別是那一群
明末遺民。遺民們對於明朝的依戀，使得他們在歷史上扮演著重要一環，他
們個個充滿強烈民族氣節，堅守不仕二朝的忠貞情懷，極爲痛恨與蔑視「改
形換骨」無操守行徑，因此，諸多人遂將畢生精力與心思都專注到學術研究
上，不斷努力檢討明朝政治文化得失。誠如船山歸隱山林著述創作（三十五
歲到七十四歲間）即是表現個人對於社會困局的強力反動與無奈，身爲愛國
知識份子的他只能不斷從事創作以檢討「人的歷史」得失，〔註40〕於是，無
論是學術性創作《讀通鑑論》、《宋論》等，甚至是純文學性詩詞創作《落花
詩》、《讀指南集》等等，均不離其所宗「愛國（明）主題」，換言之，船山諸
多創作主要目的在於「不斷釐析屬於人的種種困境」。譚承耕於《船山詩論及
創作研究》中指出：「從不在詩中爲個人功名身世而鳴不平，從不將個人利祿
之不得、功名之不立等『緣飾之而爲文章』」，〔註41〕即知，無論是船山在文
學創作或是哲學、史學等創作，不只是對於國家事、天下事的關懷，更爲重
視的還是對於「人自身的反思」。故本文同意林先生所言：王船山學「實際上

〔註39〕林安梧，《王船山人性史哲學之研究》〈引言〉，東大圖書，再版八十年二月。

〔註40〕袁爾鉅著，「爲總結國家政治興亡治亂的經驗教訓，尋找民族復興的道路，四
　　　　十餘年賣志不墜，用力不懈，著述約百種，四百多卷，八百余萬字，爲後世
　　　　留下了珍貴的精神財富，豐富了我國優秀傳統文化中的思想寶藏。」《大儒列
　　　　傳——王夫之》，吉林文史出版社，1997 年 2 月。

〔註41〕譚承耕，《船山詩論及創作研究》，湖南出版社，1992 年 10 月。

應由人入手」，並依此做爲研究方向。

　　然而，在林安梧的《王船山人性史哲學之研究》一書裡，僅提供著船山學中人性學史發展的大方向，只指出屬於船山學中有關人性歷史，以及結合船山思維基本模式，綜觀船山學在歷史、政治以至人性之間的關聯，但是，缺少了具體人物事件陳述、或只單單就船山人性學史可能發展的大方向脈絡陳述。故筆者藉由林安梧書中些許觀念爲本文撰寫方向，並輔以船山《讀四書大全說》中的具體實證，再加上船山對於人性種種面相的思維脈絡，多方考慮下企盼能更深入探索船山的人性史觀。

二、曾昭旭《王船山哲學》評介

　　有關王船山著作繁多，初學入門者難以一窺其堂奧，曾昭旭先生此書有著引導作用。曾先生談到：

> 蓋以船山書大率爲注疏體，往往隨文衍義，因幾立說；由是精義散見，漫無所統。予因擇其有關義理之作，先述著作之年月、命意與體裁，次點出其書所蘊之重要義理……一編之中，又分三章，以分述船山之經學、諸子學及史學。……本編所開顯之船山義理系統之大略，亦本文全文之命意所在。唯其意雖在藉一系統之方便，以具現其無系統圓融……〔註42〕

船山著作中隨文衍義、論說個人意見，因此初觀其書則不免茫茫然抓不著頭緒。最佳的方式即是統觀大要，掌握船山思維與創作大方向，若此再觀他的作品將會發現即使是獨立論述的片段，亦是篇篇極佳的小論文，論述思辯之精湛。本文在曾先生此書的啓發下，不只確切掌握《讀四書大全說》中各部份重點，更能針對曾先生書中對於船山學未能詳盡說明與分析處，以及其留的問題與疑問，展開發揮與思考。

三、張立文《正學與開新──王船山哲學思想》評介

　　張先生此書的撰寫，針對於船山學中哲學觀念分析相較他書更爲仔細。特別是此書中〈船山哲學的邏輯結構〉一章，詳盡地將船山著作中有關天、人之間的思維脈絡逐一條理，實有助於本文撰寫。其中提到：

〔註42〕曾昭旭，《王船山哲學》序，頁2～頁7，遠景出版社，1996年5月再版。

要確定範疇的基本涵義，換言之要理解、體知某哲學家、哲學學思潮的範疇涵義，必須對哲學家的元典（文本）進行句法和語義層面的分析，以確定其應然的含義；進而網狀和時代層面，即從符號系統中與此範疇相關的範疇之網，乃至當時的時代思潮來確定其意蘊，由此，我們就能確定某個範疇在相對獨立文本中的完整意義。為使這一意義更加顯明，還可以進行歷史和統一層面的分析，即將其置于歷史發展長河中綜合地、統一地進行考察。〔註43〕

「基本範疇概念」釐清是語言學者從事經典詮釋的方法論之一，實際運用於中國哲學思想研究上則為近來方向。然而，不可否認的，中國基本範疇概念以科學研究方式呈現的觀念一向少有，且再加上中國語言文字本身多義性，因此藉由基本範疇概念分析，將作者、讀者、作品與世界此四者之間的衝突與融合加以釐清，不為極佳方式。但是，如同張先生所說：

中國哲學家的思想呈現在人們面前的範疇是錯綜複雜的，分析一二個範疇並不能夠體會、理解其思想。因為任何一個範疇都是在相互聯繫中存在，都牽涉到相關的範疇之網。所以，撇開其他範疇單獨分析某一個範疇是不可能的，更不可能去體悟其思想。這樣從範疇切入，就必須面對哲學家、哲學思潮的範疇之網，並要弄明白這個範疇之網是如何編織起來的，即諸範疇之間的組合模式或結構方式。……確切地說，惟有解釋、理解邏輯結構，才有可能體知中國傳統哲學的意蘊。〔註44〕

「中國哲學家的思想呈現在人們面前的範疇是錯綜複雜」，或則可以說，中國傳統哲學範疇的概念並不具有統一性，對於同一個道、理、氣，卻往往有著多種的詮釋內容，推究其原因之一即是「中國文字的多義性」，一字多義，一字可做為動詞、又可為名詞，倘若再加上文句型式，種種情況造成多種變化。中國哲學語言彙與內容模糊性且多義性，常常造成後人詮解時困難並難以釐清，凡此均是文字多義帶來思想詮釋的困難。但又因其具「錯綜複雜」、又層層相因的內容，便使得中國思想的層次更具豐富性。今人從事專人思想研究

〔註43〕 張立文，《正學與開新 —— 王船山哲學思想》，頁92，人民出版社，2001年12月。

〔註44〕 張立文，《正學與開新 —— 王船山哲學思想》，頁92～93，人民出版社，2001年12月。

時不只是面對那時代哲學思潮，清楚分析思潮建構下思維內涵，懂得條理區別各個哲學家其思維「概念」的形成與內容亦是不可忽略的步驟。

第四節　本文論述所涵蓋範圍與研究的價值

　　凡論及儒家論人、性、心等的議題必先由《論語》、《孟子》二書入手。當朱子結合《大學》、《中庸》、《論語》、《孟子》為「四書」，更以《大學》為學者初學入德之門書籍，自此後人學習如何為人處事之理時，就習慣由四書入手。除此之外，誠如林安梧所言，船山學是以人為基點而開展，為其論述架構的基點。再加上不難發現船山著作中，以四書為論著述發揮之作品較其他為多，如有：《四書稗疏》、《四書考異》、《四書箋解》、《讀四書大全說》、《四書訓義》等，這類作品或因科舉考試需要，或則是個人有所思而創作，內容都注意在有關人的問題探索。此外，船山亦有許多論專論人物著作，如《讀通鑑論》、《宋論》等。總之，都可以由此窺知船山對於「人」議題的重視，約略而言，船山早年在四書學的思考是思維架構的基礎，晚年創作《讀通鑑論》、《宋論》即是在此思維架構下再度發揮與開展的論述。依此，筆者決定由船山作品中涉及四書內容論辯文章為主，並以其內容扣緊著人而作深入探究、論述的《讀四書大全說》為主要文本，並且再輔以船山其他作品和朱熹、《四書或問》等相對照，期待能釐清船山如何在《讀四書大全說》透顯其個人心性論到知人之學思維體系之建構，並且觀察曾受朱熹之學影響的船山如何開出自己思維之路。

　　第二章，擬寫船山與《讀四書大全說》之成書所涉及的一些問題。例如：「四書」中的《大學》與《中庸》非為純粹儒家作品，近來學者藉由多方資料加以逐漸釐定並且認同。然而反觀朱子時代，為了學術上回歸孔孟遂藉由《大學》、《中庸》書之論點來駁佛老等異說，如此不察。難道追隨其後，博通經典的船山在以儒學駁斥佛老異端之說時也對此不在乎嗎？其次，針對船山《讀四書大全說》成書時間略為探索。有學者認為《讀四書大全說》是船山中年四十七歲時重要作品，但是，船山自己卻在回應友人創作〈和梅花百詠詩〉詩小序中寫道：四十七歲時「始重訂讀書說」。此書是完成於「四十七歲時」、「四十七歲之前」或「四十七歲之後」其間差異涉及到了船山思想發展，於是《讀四書大全說》一書它是單純作家一個時期的思想代表?或是作家

一個時期的思想轉變時期的呈現?均有著不同的意義與價值,故筆者在此擬加以探索。

第三章,知人之學除了辨己、辨人達到修己治人的成果外,在辨別過程中它們是否有標準可以依循呢?船山曾於《讀通鑑論》中指出:「君子之所貴於智者,自知也、知人也、知天也,至於知天而難矣。然而非知天則不足以知人,非知人則不足以自知」,〔註45〕由自知——知人——知天這一個循環過程,船山仍不脫舊說以天爲一標準,並在《讀中庸說》中立說天道(天之天),言人道(人之天),藉由性將這天道與人道做一聯繫。雖然如此,特別重視實際世界的船山也不單單以天做爲依歸(是一理想、標準,但非絕對概念),於是,論道時著重由「人之道」上來立說,他指出人之道有二義:一爲立人之道,另一爲成乎其人之道。故本章擬先探究船山論述,其間雖仍然雜有朱子思想「性即理」的概念,不過藉由「中庸」義自我表述之下,我們將在船山揭示「緣體達用」概念裡看到他走向異於朱子學的路子。此外,對於船山在性、理、道等概念整理詮釋之釐清,有助於吾人了解長久以來受朱子所影響的諸子們在混淆性、理、道的概念下所產生的種種困窘。凡此種種都在於最後能揭示船山架構出的「人之道」以及其實行重點,例如:君子之道、聖人之道、小人之道、君主之道等概念及其各自的內涵。

第四章,知人之學中首先必要釐清的就是自辨的部份,自辨應由何入手呢?在人所依循的外在天德、王道標準上,接著就應當探究人內在最基本的「心性」。它並不如禮節儀式藉由活動或呈現於外的步驟便能探究其是非,但是,它又是必須藉由人活動顯現於外的狀態、步驟才能一窺其虛實。本章擬寫船山如何藉《讀大學說》中的概念來架構起屬於他自己對心性論的理解。「心性」問題探索並不被研究明末學術思想者所重視,加上船山學術受已朱子影響,因此不少研究者論及船山學術時並不關注「心性」議題,也鮮少有人將此作爲研究重點。但是,經由筆者反覆閱讀文本後認爲,正因爲他個人獨特的切入角度與詮釋手法上的特殊性,反而另創新意成就了屬於船山獨有的心性理論體系。故本章先略述朱子思維體系中本來就存在的詮釋問題,並略窺船山如何在解決朱子學問題中,建構出自己心性論思維系統。

第五章,本章作爲船山知人之學的總結。經由上述幾章中所指出的原則與辨己、辨人、修己、治人基本概念,在此章中將例舉船山在《讀論語說》、

〔註45〕 王船山,《讀通鑑論》,頁469,同上。

《讀孟子說》中談論有關孔門弟子、歷史人物等如何辨別其價值，並釐析船山如何將自己由心性論理念實際運用在人物品鑑，並達鑑古知今之作用。

此論文撰寫因個人所學有限，船山著述淵博，其精深學思實非筆者盡能陳述，加上前人論評之著作繁多，個人且未能多方旁徵博取，都將造成挂一漏萬的遺憾。另外，加上船山從事議論時，文字裡偶有他個人情緒夾雜其中，激動的知識分子愛國情懷往往令筆者感動不已，遂而有時只能隨其言論亦步亦趨，簡要地將船山言論條理分明，難免不能客觀看待船山學說中不合理之處，多為本文內容上困境。但是，不可否認的船山獨特思維方式與詮解的結果，已解決歷來諸多學者們爭議不休的困境。落實於實際的人生上論人之道，較之其他學者空空泛泛言天言理，有著積極的意義，更添此研究價值之所在。

第二章 四書及王船山《讀四書大全說》成書中的疑義

第一節 析探儒家學術在古今學者認知上的差距

在探究宋明時期整體思潮發展及趨勢前，除了應注意其時社會、經濟、政治等外在環境因素外，更不可忽視的是當時學者所面臨的學術環境。例如：群體思潮發展與需求，或是學者作爲開展與架構理論時所涉及到的重要典籍《四書》與《易傳》，其所涉及的層面與可供議論者頗多，然非本文所欲釐清的重點，姑且不論。

論及宋明理學的發展，首推唐代學者韓愈排斥佛老，指出了儒家「道統」概念。此概念遂在宋明儒者思想中持續延展，造成當時學者反思與待解決困難議題時不免便以「回歸正統」路子上來思考。勞思光於《中國哲學史》一書中特別指出，宋明時期的儒者所面臨的學術環境，首先必須著手解決、面對的課題即是「擺脫漢儒傳統以回歸正統」。勞氏說：

> 宋代儒學原以擺脫漢儒傳統、歸向先秦孔孟之教爲特色之一，……
> 但此僅可就其自覺要求說。若就確定之了解看，則自宋儒至於明儒，
> 是否嚴格了解先秦儒學與秦漢以下之儒學間差別所在，尚屬可疑。
> 此點即涉及宋明儒者立說時所據之經籍問題。〔註1〕

此時宋明儒者自覺的即欲擺脫漢儒傳統。漢儒多注重名物、訓詁，少窮究義

〔註 1〕勞思光，《中國哲學史》，頁 62，三民書局印行，1998 年 2 月再版。

理，甚至是思想中屢見不鮮的加入災異、陰陽、讖諱觀念，可謂「聖人之道隱，巫史之說行，後世暗君庸夫，亂臣賊子據之……爲天下患害者，比比而是。」〔註2〕其時思想潮流呈現巫儒混雜情況，此爲歷來學者對漢儒學術發展的共同認知，這時期儒學發展亦是離孔孟之道甚遠。儒學再度重整，一直到宋明時期儒者自覺，並以回歸先秦時期孔孟之教爲依歸時才再現曙光。推究宋儒自覺，其原因之一則是釋、道、老異道思潮從漢至宋明時期漸有喧賓奪主之勢，儒學者不得不自覺爲儒家之學找回定位，並另闢新路、新發展。但是，宋明儒者在「創新」過程中，似乎忽略釐清先秦儒者與漢儒者之間的差異。誠如勞思光所認爲：宋明儒者並沒有分辨清理先秦儒與漢儒是有差異的，否則宋明儒不會使用非「純粹」儒家典籍《大學》、《中庸》與《易傳》。故筆者擬於此節先條理以下幾則問題，以探尋上述勞氏之質疑，依此做爲本文「宋以來四書學的發展」其所涉及的問題前導。首先，針對儒學在歷史發展上的變異情況，以歷來學者對漢儒之評價爲主，略探漢代儒學與先秦儒之差異，並藉以說明漢儒在宋儒認知中所扮演的歷史角色與意義。其次，再針對宋儒所關注的典籍《四書》，探索其成書過程與如何影響宋明儒者在學術理論上之創造。

一、擺脫漢儒以回歸孔孟正統

提及儒學，即是指以孔子思想爲主，理論系統以「仁」爲中心的學問。孔子之後有孟子的承襲，故後人稱「儒學」，也稱其爲「孔孟之學」。儒學和其他派別的學術理論一樣，因政治、學術環境發展等情勢轉變，一直受到審視與反思。戰國時期，諸子百家蜂起，學說眾多而繁雜，儒學概念中某些觀念難免遭受時、空因素的限制，而必須略加增易。於是，首先將儒學內涵加以轉換的是荀子。荀子儒學的開展對於當時儒學有著不同意義。另外，荀子的學生多半從事於政治活動，也因而漸將「理論性」的孔孟之學帶入「實際操作」之中。〔註3〕直至漢代儒生董仲舒，將儒學提升至更崇高的地位，罷黜

〔註2〕 （明）黃宗羲撰/（清）全祖望補撰/（清）王梓材等校，《宋元學案》，世界書局，1961年。

〔註3〕 筆者案：勞思光認爲荀子是儒家思想的歧出，荀子的觀念之中夾雜了道家、墨家其他的概念，違離孟子之心性論，並非純粹的儒者。勞思光，《中國哲學史》云：「然歷史脈絡之實況每與理論脈絡之要求不能盡合，依理論脈絡之要求論之，孟子之後之言儒者應能內補孔孟之說，外應諸子之攻，而實際出現

百家，獨尊儒術，以儒家學問做爲政治活動的前線資源；唐代韓愈推尊儒家之學爲道統，以此排佛、闢佛，目的則是使荒廢國事、涉佛迷亂的帝王可以自覺並有依尋的指標；甚至自漢至明，帝王們更以儒家學術、倫理等觀念做爲察舉、科舉、取士的準則。綜觀上述，可知儒學的開展不只是內部理論缺少完整性欲待增補，其外緣的政治環境更是驅使著儒學產生了變化。於此必先提一觀念，在中國有一特別的現象，即「政治──思想」、「思想──政治」之間有著微妙且難以言喻的交流關係。政治影響著思想、思潮的整體發展，即「上有好者，下必效焉」，然而，掌有思想主權的知識份子又往往藉由理念的傳達，使爲政者能參照實行，這樣交錯的影響因此欲探討儒學產生變化之由，則必先回溯到原點。

　　故，本節先由使儒學產生極爲巨大爭議性的主要人物漢儒董仲舒入手。董仲舒是歷來學者論及漢儒時，所不敢忽略的人物，對於他褒貶不一。於此令人不得不思索，他是如何的儒者，爲何成爲學者所爭議的對象呢？他對於儒學究竟有著何種外在的影響力呢？還是純粹只是人們對於他的誤解呢？

（一）近代人對於漢儒的認知與批判

　　董仲舒，約生於公元前一七六年，據其著《春秋繁露》書中所載，有三問三對的「天人三策」，內容雜以「天人相應」之說，向武帝陳述治亂盛衰之理，並建議武帝崇教化、抑豪門、選郡吏等政策，其中最重要的是「罷黜百家，獨尊儒術」。從此儒學在具有較大影響力及權力的帝王、臣子及儒者手中正式走入政治舞台，也同時扭轉了儒學生命。〔註4〕然而，如此的儒學轉換是否恰當？熊十力先生於《原儒》中指出：

　　　　所以然者、漢武與董仲舒定孔子爲一尊。實則其所尊者非眞孔學，
　　　　乃以祿利誘一世之儒生、盡力發揚封建思想與擁護君主統治之邪

　　之學說，則未循此道路以進展：反之，此一新學說乃違離孟子之心性論，而又雜取道家墨家之言，以別立系統者。此系統即荀子之哲學。」頁330，三民書局，1998年2月。

〔註4〕　馮友蘭，《中國哲學史》〈儒家所以能獨尊之原因〉，頁482～489，臺灣商務印書館，1944年4月增訂初版，1996年11月增訂台一版第三刷印。案：亦有學者認爲儒學之所以會在漢代的政治舞臺上展開並非全是董仲舒一人之功，而只是時勢所必然之故。由秦至漢，國家無論是政治、經濟、社會等等均面臨轉型的迫切情勢，而儒家所注重的「尊君抑臣」思想正符合爲政者的需要，此外，儒家的學者對於典章制度上較爲熟悉等因素，因而構成漢代獨尊儒術。

說，而托於孔子以便號召、故漢儒所弘宣之六藝經傳、實非孔門眞本。〔註5〕

熊十力先生認爲，就實際的政治層面上而言，董仲舒的學說的確只是爲了盡其發揚封建思想及擁護君主統治而已。若另就儒學學術本質來審視，董仲舒也只不過是「陽儒陰法（陰陽）」的儒者、是被「祿利誘一世」的儒生。然而，他至大的影響，遂反使當時大環境中漢儒發展的儒學違離孔孟之學甚遠。熊氏此論調、勞思光等都有相同理解，勞氏認爲董仲舒誤用了他的權力，反而使得「儒學在漢代沒落成爲定局」，儒學生命在此被扼殺了。他說：

> 總之，董氏論「性」，爲漢儒惡劣思想之代表。天人之說既盛，德性根源之精義，遂不爲當時人所解。而董氏又以儒者自命，其說遂又以僞亂眞。由此，使儒學在漢代之沒落成爲定局。董氏倡議罷黜百家，然究其實則董氏及當時儒生皆爲陰陽五行觀念所惑，不能承儒學眞精神；於是黜百家之結果，僅爲僞儒學之得勢。孔孟之學，反長期湮沒不彰。此亦董氏在哲學史上之影響。

勞氏認爲董仲舒論「性」，以天人相應之說爲主軸，遂使得儒家所謂的德性根源精要義涵不被人們所知，董氏又以儒者自許，總之，披著儒學外衣的董氏，造成漢代儒者論儒時，理論加入了不少陰陽五行、天人災異等雜亂的、非儒家本來的概念。就此時期儒學而論，其「內在學術本質不再純粹」，也因此勞氏認爲這全都是董仲舒過失，是由於他個人的謬誤與當時儒者之不察，結果使得「孔孟之學長期湮沒不彰」了，董氏之過與罪何其大啊。然言盡至此，無論是由政治的外在因素，或由儒學內在本質雜化直指爲董仲舒過失，使筆者不得不思考：董仲舒，何許人也？竟可以扭轉乾坤，使孔孟所傳之學在他的手中轉換成董仲舒之儒學呢？其過與罪是否眞應爲後世儒學傳人所憤怒呢？若其眞無功績，爲何又可以影響深遠呢？杜維明先生於《道、學、政——論儒家知識分子》中提出了異於前二位學者的說明。杜氏說：

> 和許多人所持的解釋立場相反，董仲舒的宇宙論不是証明帝王神性的意識形態。他的名言「天人合一」並非意在替皇權增添超越的重要性。確切地說，他想認帝王對天下對民，考慮一下自己的行爲。通過確立天的至高無上和人事最終裁決者的地位，董仲舒領悟到帝王權力是一種相對權威。如果沒有宇宙運行的合法化功能，帝王的領袖資格就有

〔註5〕熊十力先生，《原儒》，頁19，明文書局印行，1997年3月再版。

問題。董仲舒對吉兆凶象的解釋在其哲學論著《春秋繁露》中占有突出地位，他在其中完全沈迷於政治批評的微妙藝術之中。整套理論基於如下假設：倘若國家治理得很好，那麼，不僅人類世界會井井有條，宇宙也會協調和順；如果天象異常，那麼，皇帝自己就要負責。爲了改變這種異常，皇帝在統治時就必須更加小心謹慎。董仲舒和其他漢代儒家一致認爲這種觀點是不証自明的，這就足以說明它作爲一種統治原則特有效。大史家司馬遷指責公孫弘曲學阿世，卻稱贊董仲舒是孔子的眞正信徒，也就不難理解了。〔註6〕

在此杜氏從另一個「發展的」角度重新審視董仲舒與漢代儒學。他認爲，儒家在戰國時期從未躋身少數統治者的決策群體之中，因此，儒學在漢代教育上的壟斷可以視之爲儒家知識份子在漢代再度崛起的唯一要素，於此說明了漢代儒者及漢代儒學的重要性，他們才是眞正的將儒學、孔孟之學落實，並在體制之中運行的功臣。其次，論及董仲舒的「天人災異」的概念，杜維明先生認爲，他並非是爲君主政權服務，只是他明白了君主是一個相對性的權威，若無可以制衡的對象那麼國家將會雜亂，也因此拿了一個「天」作爲一切行事的準則。然而，漢儒對儒家主張再次重新的詮釋，難道他們自己一點也不懷疑與矛盾嗎？杜氏說：

> 如果將古代中國政體這一轉型的特點歸結爲文官制度的儒家化，卻又是片面的。當儒家知識分子積極投身漢代文官制度時，他們所珍惜的價值也明顯政治化了。將儒家價值政治化以加強漢朝對意識形態的控制，以及加入政府的儒家知識分子出於理想主義的理由將政治道德化，是漢代政治文化中兩股互沖突的思潮。〔註7〕

在漢代，儒者將所珍惜的價值政治化，加入政府的儒者則將政治道德化，此二者之間是會爲儒者帶來衝擊，儒者也並非絕對喜悅於如此的情狀。故杜氏認爲，歷來學者將儒學政治化後果全都歸罪於儒者，是不公平的。經由學者對於董仲舒評論言詞中，吾略爲歸納漢代儒者與儒學之間的關係，可從歷史脈絡的實況發展看待儒學內在理論與儒學和外在環境兩端而論：

〔註6〕　（美）杜維明著，錢文忠、盛勤譯《道、學、政——論儒家知識份子》，頁
　　　　　23～24，上海人民出版社，2000年10月。
〔註7〕　（美）杜維明著，錢文忠、盛勤譯，《道、學、政——論儒家知識份子》頁
　　　　　21，同上。

一,「理論體系上」就如勞思光於《中國哲學史》中所言:孔子之後的戰
國時期,諸子百家迸起,不同的理論與言論充斥,也因此,儒家的理論不得
不須有人重新整理、益以新解,以對抗其他諸子論述。〔註8〕儒學的內容與理
論訴求上,歷來的學者無一不努力的維護。然而不可不面對的是,儒學和其
他許多學派理論一樣,同樣也會遭受到理論的內容、方法不合於時代潮流的
窘境;也和其他學派學者一樣,須將理論重新再詮釋與發展。這是必然情況,
也是必須趨勢。因此,「歷史的脈絡實況和理論脈絡之要求不能盡合」這種情
況是容易發生的,於是學者在從事理論再整合工作,乃著重於學術理論本質
性與目的性此二者不更改的重點上。也因此可以得知,在孔孟之後要再找尋
到所謂的「純粹不雜的儒者」已經很難了。

二,「外緣環境上」,政治影響也是使儒學產生變化的因素,儒學「尊君
理論」最容易與法家概念相結合。歷代帝王陽儒陰佛、陰黃老、陰佛等等更
是屢見不鮮,這種政治手段雖有助於儒學在中國學術與政治疆域上開拓,但
是,不可忽視的是在此同時也扼殺純粹儒學的開創。總而言之,不同時代環
境造就不同學風,先秦儒學必異於漢代儒學,漢儒更異於宋儒、明儒,這實
在是不同時期儒者所面臨「社會課題」不同,故雖然同樣採用了屬於儒學典
籍與理論,難免將因時代的需求而有所變化。因此,吾人若從儒學本是具有
廣大的包容力加以解析,則可以理解,漢儒是在遭受到陰陽五行、讖諱之學
風行的現實情境下,才能採用了某些可以接受的普遍概念作為開展,使儒學
在當時代潮流下得以生存,但是,這樣雜入他說的儒學,其弊病在於同時也
無形扼殺了儒學的真生命。

誠如上述,可知近代人認為董仲舒使儒學產生了極大的變動,如之後儒
學學術內含的天人災異的觀念,即是漢代人所遺留下來的天人概念的遺毒。
依此,再觀《中庸》與《易傳》,經由考證推測其非先秦時之著作,而其中天
人的概念又疑為漢代時才會有的概念,凡此種種,遂使得今人提出這樣的疑
問:難道宋儒真的就無法查知作品時代、細觀作品內容,誤將漢儒創作的文
章張冠李戴地視之為先秦儒學,在如此以訛傳訛幾百年後先秦儒學就此消沒

〔註 8〕勞思光,《中國哲學史》:「孟子身後,一方面由莊學之大行,道家之說取楊朱
之地位而代之,其勢甚張;另一方面則墨家後學與名家者流會合激蕩,新論
滋多,辯論滋繁;亦頗有孟子所未及駁論者。在如此思想環境下,儒家亦不
能不另有人出,重理舊說,益以新解,以抗諸子之言。」頁329,三民書局印
行。

不存，反而獨留下宋儒自己所反對的漢儒作品，這樣宋儒不就違背了自己的原始使命了嗎？

以上所論述，是近來學者對於漢儒所作的說明與評價，然而，宋明儒是否違背著自己的原始目的、無意間使先秦儒學更加撲朔迷離，本文必再對照宋明儒者對漢儒的認知才可一窺究竟，換言之，也唯有經釐析宋儒自解漢儒，才可探究其爲何選取《中庸》與《易傳》作爲回歸先秦儒的典籍。

（二）宋儒對於漢儒的認知與批判

陳廣西和王延濤〈簡論中庸思想的發展〉一文中指出：兩宋時，儒學家就已非常重視對《中庸》的研究，〔註9〕周濂溪、張載、二程都以《中庸》講學，司馬光亦將《大學》、《中庸》自《禮記》中分出，作《廣解》，是朱子四書的前緣。朱子提出《論》、《孟》、《大學》、《中庸》合稱爲四書，並藉以旨示學者若要考查聖賢之意必由先此四書入手。〔註10〕難道宋儒不查，以反回先秦儒者之說爲目的的朱子也以訛傳訛嗎？吾人首先可由朱子所論，觀其對漢儒的理解：

> 漢儒初不要窮究義理，但是會讀，記得多便是學。〔註11〕

> 漢儒注書，只注難曉處，不全注盡文本。〔註12〕

> 漢儒專以災異、讖諱、與天風角、鳥占之類爲內學。如徐孺子之徒
> 多能此，反以義理之學爲外學。且如《鍾離意傳》所載孔子廟事，
> 說夫子若會射覆者然，甚怪！〔註13〕

由上述中可以略窺以朱熹爲代表的宋儒，他對於漢儒的認知是：一、就學術上來說，只懂名物、訓詁而不窮究義理，也因此不能深入明瞭孔孟的原始道理。二、當時的學術環境以災異、讖諱、風角、鳥占等怪異的學說爲風潮，漢儒者不抑止這樣的異端，反卻以此納入儒學主要活動內容中，造成對於孔孟言論理解有誤，又不懂得探詢，因此言論之中更是貽笑大方，如此的情況比比皆是。這是朱子對於一般漢儒的看法，再觀朱子對於董仲舒的評價反卻

〔註 9〕 陳廣西、王延濤，〈簡論中庸思想的發展〉，《開封教育學院學報》，第 20 卷第 3 期，2000 年 9 月。

〔註 10〕 宋黎靖德編，王星賢點校，《朱子語類》，頁 188，中華書局，1999 年 6 月北京第 4 次印刷。

〔註 11〕 宋黎靖德編，王星賢點校，《朱子語類》，頁 3228，同上。

〔註 12〕 同上。

〔註 13〕 宋黎靖德編，王星賢點校，《朱子語類》，頁 3230，同上。

有出乎意外之論。他指出：

> 許順之説，人謂禮記是漢儒説，恐不然。漢儒最純者莫如董仲舒，仲
> 舒之文最純者莫如《三策》，何嘗有禮記中説話來！如樂記所謂「天
> 高地，萬物散殊，而禮制行矣；流而不息，合同而化，而樂興焉」。
> 仲舒如何説得到這裡！想必是古來流傳得此簡文字如此。〔註14〕

第一次推論，觀董仲舒作品中引用樂記中的話，依可推論朱子説之義，以為
《禮記》可能為：董氏同時或其前之作品。第二次推論，朱子認為漢儒中最
純者為董仲舒，因此他的著作言論也必定為最純者，絕對不會像我們所認知
中的漢儒那般雜諸多奇異誕的説法。依此推知《禮記》中的文字必為純者，
故朱子總論：《禮記》不可能為漢代人作品，較有可能的是董氏之前人所作，
因此較為純粹且能被董氏引用。至於，「大學」與「中庸」本為《禮記》中
的篇章，同理可證，就朱子的認知上它們也非漢儒作品，而是孔孟聖賢立文
字傳授人「修己治人」之言了。在學術史發展上，一個思維風潮開展，它所
影響的層面不單單只是哲學上，甚至是文學、政治、社會風俗等其他無不影
響。儒學由文獻資料分析可以發現，儒學在各個朝代之中往往扮演著較為「實
在」的角色，也常受到帝王、文士的喜好。因此，當魏晉時期玄談風氣盛行，
加上佛教虛空的世界觀，漫延至唐代，遂使得此段時期，思想上、政治上、
文學上等無不籠罩虛無的思想，儒家學問再次受到學者們的重視，持「內聖
外王」論用以救己、救國，始於韓愈宣示道統回歸文武、周公、孔孟之正道
警告當朝，這也就是為何儒家的學問永傳不輟的原因。此外，值得一提的是，
儒家「內聖外王」之學特別是在宋之後，更有著與以往不同的影響力，是四
書孔孟之學重新興盛之故，或是宋亡遺民救亡圖存的策略，亦或是外族統治
箝制思想的必要手段呢？無論是上述何者，可以明白的是，儒學的生命在此
時期再度開展。

二、宋代及其之後四書學的發展

　　唐代之前普遍受到重視的並非四書，而是五經。然而，論及宋明理學的發
展時不得不注意的書籍除了《易傳》外，就是「四書」了，宋明理學者的思想
理路無不是由論述、探討此五書而開展出來的。四書中《孟子》本列為子部，

〔註14〕宋黎靖德編，王星賢點校，《朱子語錄》，頁2226，同上。

直至南宋朱熹時，他承師程子說法，始將《大學》、《論語》、《孟子》、《中庸》四書合稱，而視孔、曾、思、孟一脈相傳，爲道統所在，《孟子》一書乃躍而置「經」部。至於《大學》與《中庸》則本爲《禮記》中的篇章，因其在「修己治人」上有提綱挈領之效，故而受到重視。四書在宋代是受到重視的，它不只架構出以天道性命等專屬於儒家的「天人」之學以抗佛老〔註15〕外，宋代人的修養、反思也在其中找尋到出路等，故它除了內容精湛外，在隨著理學統治地位的愈來愈確立下，朱子地位受到肯定之下，宋之後四書已儼然成爲文人入仕必讀之書籍。〔註16〕

元代時期外族統治下帝王爲政治上的需求，延攬儒者，儒學遂跟著受到重視。雖然此時的四書學發展，並未能像宋代一樣內在思維上發展蓬勃。但是，它卻有儒學發展史上異於他朝的突破性開展——四書學的北傳。藉由戰爭，南北地區遂產生了文化交流，南北學術上也相互激盪。此外，宋亡後，宋遺民並未止息於對儒學上的認知、肯定、承襲與推展，或爲救亡圖存也好，或是一股民族使命感也好，至少在此時期的四書學並未因外族統治而被迫停止；甚至可以說，因爲亡國的傷痛反而使得宋遺民更加珍惜此遺留下來的歷史文化，以朱子學爲主軸的四書學更在此時期成爲主流顯學，加強四書啓蒙教育、刊刻四書等遂成爲當時主要的教育方向。

明代四書學上的成就即是《四書大全》的編整成書。纂修編成爲明成祖永樂十二年十一月到永樂十三年九月，時間不到一年，倉促成書因而造成內容「未免牴牾」。但是，大致上而言，此書的編整是一部《四書集注》的統整，它包括了：一、《大學章句》、《大學或問》；二、《中庸章句》、《中庸或問》；三、《孟子集注大全》；四、《論語集注大全》等，內容即是將朱子四部原著編入，因此此部書可視同朱子學派理學言論的總集。同樣的，此書的編整亦有

〔註15〕祝平次云：「如橫渠、明道、朱子三人在完全肯定儒學所含蘊的人生觀前，都曾出入釋老，尋找自己的生命認同。在他們開始認同儒學之時，其本身理論應還只是在發展的起點，然而其反對釋老的態度、意識卻已清楚地確立。這種意向性使得宋理學家在構設自己理論時，預先決定了其理論某些重要論點與佛老理論的對反性。……就歷史事實來看，理學家之前的反佛老運動並沒有成功，則宋儒思有以新的角度，面對面地去瓦解佛、老理論，正是對儒學的新貢獻。」，《朱子學與明初理學的發展》，臺灣學生書局，1994年2月。

〔註16〕於化民云：「從哲學本身來說，中國古代的思想只有到了理學的階段，才較徹底地脫離了原始形態，擺脫神學和宗教的影響，具備了思辨和邏輯的特點，走向成熟。」頁1，《明中晚期理學兩大宗派的對峙與合流》，文津，1993年2月。

政治上的目的，它是明成祖用來宣示地位的工具，顯示著他與古代聖賢同路並發揚道統；其次，他肯定儒學以《四書大全》爲科舉考試的專書，藉以拉攏儒者，以箝制住他們的思想，並指出「人皆由正路，學不惑於他歧。」但是，這樣的思想上的禁錮是無法眞正使人心悅誠服，或許晚明的狂誕、束書不觀也是對此思潮的一種反彈。然而，不可否認的，他同時也使四書學的發展到達了另一個境地，人們不在是辛苦於章句、義理上探究，而是想要由自己體驗中眞正走向聖賢指引的正路。

三、小 結

　　近人對於漢儒的見解似乎是有異於宋儒的認知，不同的時代背景之下當然有著獨特的需求。對於宋儒而言，董仲舒是有功勞的，他發揚了儒學，著作也是較同時儒者更爲純粹，天人之際的提出，恰巧就是宋儒們所欲得到的指引，同時他所引用的《禮記》書籍的中概念，無疑的也證明了此書並非漢儒所作等。基於上述的認知，我們難以用現代人的眼光來看待宋儒是否明白了漢儒，或宋儒是否明白《大學》、《中庸》與《易傳》並非儒家中的聖賢立言以示後學之作。朱子也曾懷疑過《中庸》一書的內容與寫作形式非先秦學者的手法，然而，可能限於科技知識的缺乏，出土文物的不足等，故而對此存疑不論。但是，於此可知的即是宋儒爲了解決他們時代的思潮困境、儒學發展上的困難等，遂而藉著這些書籍以發揚自己的理念。〔註17〕

第二節　王船山《讀四書大全說》的成書

　　明末清初學者船山，在明亡之後，隱居山林之中發憤著書，凡經、史、

〔註17〕張立文云：「明爲學次第之《大學》。大學、中庸本爲禮記中的兩章，自漢以來並未單獨成書，朱熹將其從禮記中抽取出來，加以章句批註，並與論語、孟子兩書編在一起，合爲四書。大凡一種新的理論形態的出現，都要從自己的新視角、新思維、新觀念出發，重新解釋經典文本：這種解釋的過程，亦是對經典文本重新選擇的過程；對經典文本的重新選擇，也是新理論形態的建構過程。這種對經典文本的重新選擇：一方面表明新的理論形態有其傳統經典的依據。這在視經典文本爲金科玉律的時代，新理論思維可藉以避免被目爲叛經離道的罪名：另一方面說明新理論思維有其經典文本的依據，而不是憑空杜撰，減少學者士子的懷疑心理，轉而被人所接受認同。但又不能完全沿襲舊的理論思維形態所固有的經典文本，所以重新選擇，確立新選擇經典的地位。這便是朱熹四書學建構的因緣所在。」頁77，《船山哲學》，七略出版社，2002 年12 月。

子、集均有涉獵，藉以抒發情感與建構個人思想，並企盼依此對未來有所鑑戒。歷來學者論及清代哲學家船山學述上的成就，多半著重討論其《易》學、《張子正蒙注》等，或是研究其史學作品《讀通鑑論》、《宋論》。然而，筆者認為，船山的四書學實更為不可忽略的一環。觀船山隨書注解的眾多個人創作中，涉及四書學部份者屬較大量。如：除《禮記章句》中有〈大學〉、〈中庸〉章句各一卷，尚著有《四書稗疏》一卷、《四書考異》一卷、《四書訓義》三十八卷、《讀四書大全說》十卷、《四書箋解》十一卷及《四書詳解》、《四書集成批解》、《船山經義》等都是針對於「四書」所作的文章，依此可見他對於四書學亦有重視與用心。〔註18〕

一、《讀四書大全說》成書時間的疑義

今觀船山眾多有關四書的著作中，實以《讀四書大全說》一書為其較多篇暢發義理之作。其內容每段短者百字，長者數千言，諸如此類，實皆可當作一獨立小論文看待，其中涵蘊了許多船山獨特的見解且較有完整的陳述。因此，欲了解王船山四書學內容則當以此為第一要籍。〔註19〕曾昭旭先生建議以《讀四書大全說》為學者觀船山學入門專書，其重要性不言而喻。無論在此時期作者思想成熟與否，它所代表的就是一個哲學家的思想發展「歷程」，是不容忽視的。然而，戴景賢先生於《王船山之道器論》中指出：「……先以有著作時間可考之三書——周易外傳、讀四書大全說、周易內傳為依據……」；〔註20〕「讀四書大全說成於康熙乙巳，船山年四十七，上距始作外傳恰滿十載，而船山之思想已有變化。然大體仍與外傳之所言可相接觸」，〔註21〕其中指出了船山著作少有附上著作時間，而唯三書有時間可考，其中一書即是《讀四書大全說》，船山四十七歲（中年）時期代表作品，然而觀此書不難發現諸多疑問，因此對此書確切完成時間是有得再商榷之必要。

首先，船山〈和梅花百詠詩〉前的小序中，說道：

今歲人日，得季霞伯兄簡卿寄到伯修元稿。潸然讀已，以示歐子直。子直欣然屬和，仍從史老漢為前驅被道，時方重定讀書說，良不暇

〔註18〕曾昭旭先生，〈第一章船山之經學〉《王船山哲學》，頁165，遠景出版社，初版1983年2月，再版1996年5月。

〔註19〕曾昭旭先生，《王船山哲學》，頁166，同上。

〔註20〕戴景賢先生，《王船山之道器論》，頁3，廣學社印書館，1982年12月。

〔註21〕戴景賢先生，《王船山之道器論》，頁37，同上。

> 及。乃懷昔耿耿，且思以挂劍三子者，挂劍廣生。遂乘鐙下兩夕了
> 之。湘三子所和，舊用馮韻，以其落字多腐，又傚流俗上馬跌法，
> 故雖仍其題而自用韻，亦以著余自和三子，非和馮也。乙巳補天穿
> 日茱萸塘記。〔註22〕

乙巳年，清康熙四年（西元 1665 年），四十七歲，居敗葉廬時。他於小序中指出了「今歲人日……時方重定讀書說，良不暇及」，他今年收到了信件，當時因為正在重新讀書說的內容，沒有閒暇時間可以回應朋友唱和詩歌這件事，但是，心中一直耿耿於懷，遂在幾日之後擬作〈和梅花詠百詩〉回應友人。這裡船山自己指出了四十七歲時才「重新修訂」《讀四書大全說》內容，因此，此書開始撰寫時間應是早於四十七歲，而在四十七歲重訂，至於何時修訂完成則未加說明。

此外，依《明王船山生生夫之年表》〔註23〕中記載：

> 讀四書大全說十卷：案王譜，先生年四十七歲，居敗葉廬，重訂讀
> 書說。據先生和梅花百詠詩序有云：「時方重訂讀書說」也。劉譜
> 謂「蓋讀書說即讀四書大全說之省文，其始輯在何年，俟考。」王
> 譜未加案語，殊覺審慎。今考是書卷一云：「愚于周易、尚書、傳
> 義中說生初有天命，向後日皆有天命」卷六云：「釋氏輪迴之說原
> 不如此，詳見愚所著周易外傳」卷七云：「尚書「舊云刻子」一段，
> 分明說得有原委，愚于尚書引義中辨之詳矣。」卷八云：「性，道
> 心也，情，人心也；惻隱羞惡辭讓是非，道心也，喜怒哀樂，人心
> 也。」小注云：「其義詳尚書引義。」是此書明作於周易尚書傳義
> 後。而據四書稗疏攷異于詩稗疏攷異後，則先致力於詩者，又似早
> 於四書，此可推見者也。以思想轉變之跡言之，則禮記章句於大學、
> 中庸猶守朱子之說而是書說大學之中，於朱子之說頗有商量，他處
> 亦多舍朱而從張，則又有晚於禮記章句之痕跡。禮注成於先生年五
> 十七時，則是書是否于四十七時早已作成，又加重訂之功，固屬疑
> 問也。

依張西堂依劉毓崧與王之春所撰的年譜說明中指出了，王譜以船山自言四十

〔註22〕王船山，《王船山詩文集》，頁 444，中華書局，2000 年 1 月。

〔註23〕王雲五主編，民國張西堂編，《明王船山生生夫之年表》，臺灣商務印書館，
1978 年 7 月。

七歲始重訂讀書說，劉譜則陳述了「讀書說」就是《讀四書大全說》的省文，至於何時撰寫則不可考。就針對於王、劉二人的說法，張西堂指出了以下幾點令人懷疑《讀四書大全說》的成書起乞何時，他說：一、就船山《讀四書大全說》裡頭引用自己的著作上來加以判斷，張氏指出了在卷一中船山引用了「周易、尚書、傳義」這些書的成書約在王氏三十歲後，卷六更明白的指出《周易外傳》一書，它為王氏三十七歲始作。卷七、卷八指出了參閱《尚書引義》一書。二、由思想轉變上推論，《禮記章句》在〈大學〉、〈中庸〉裡還是謹守朱子說法，但是，在《讀大學說》中則對朱子說法有商量之處，有些內容上是改尊從張橫渠說法，又有晚於《禮記章句》五十七歲時的作品內容痕跡，因此這書完成於何時是令人感到疑惑。

二、《讀四書大全說》成書時間的推斷

　　首先可由船山其他書的著作加以推論，王孝魚在《船山全書‧四書箋解》編後校記中指出：

> 四書箋解從本書仍希望子弟們出而應試看來，似乎是尚在續夢菴中
> 的心情。一六六五年重訂讀四書大全說時，已夢斷五年了。因此，
> 我們初步推斷，本書的寫作當在一六六五年之前，更具體一點說，
> 當在一六五九年之前，或者就是他在家塾講授四書時，一面為子弟
> 們隨筆作些箋釋，一面自己又作深入的研究。所以我們懷疑，本書
> 有與讀四書大全說初稿同時寫作的可能。〔註24〕

由《四書箋解》撰寫時間，類推《讀四書大全說》初稿始撰應為同時，都在一六六五年前，甚至有可能是在一六五九年前，或船山尚在為人講授四書時。誠如前述，則在三十二歲時船山生命遭受到巨變，雖隱居於山林之中但至少到三十七歲時仍抱著一絲以學術扭轉世事危難的心情，因此大量四書著作非常有可能是他其當時創作。若依船山在《四書大全說》中對於朱子言論提出批判的証據上探索，此時受朱子學影響的他早已逐漸在破朱子思維和建立自我思維中，企圖架構起自己思維體系，觀《讀大學說》中批評朱子語有七、八則，且言詞較為激烈，直指朱子論述有誤。如：

> 朱子「心屬火」之說，單舉一臟，與肝脾肺腎分治者，其亦泥矣。

〔註24〕王孝魚，〈四書箋解 —— 編校後記〉《船山全書》，頁385，嶽麓書社出版，1996 年 12 月。

〔註25〕

朱子亦已明知其不然，故又以操則存、求放心、從大體爲徵。夫操者，操其存乎人者仁義之心也；求者，求夫仁人心、義人路也；從者，先立夫天之所與我者也。正其心於仁義，而持之恆在，豈但如一鏡之明哉？惜乎其不能暢言之於章句，而啓後學之紛紜也！〔註26〕

蓋朱子所說，乃心得正後更加保護之功，而非欲脩其身者，爲吾身之言行動立主宰之學。故一則曰「聖人之心瑩然虛明」，一則曰「至虛至靜，鑑空衡平」，終於不正之繇與得正之故，全無指證。則似朱子於此「心」字，尚未的尋落處，不如程子全無忌諱，直下「志」字之爲了當。〔註27〕

在《讀大學說中》只針對於朱子論述中較爲荒謬不可理解，或是理論有疵議的部份加以指責如使用了「其亦泥矣」、「啓後學之紛紜也」、「不如程子全無忌諱……」。至於在《讀中庸說》論及朱子理論中的困擾時，船山反而沒有如《讀大學說》中那麼多責備語氣。他說：

若朱子以已發之中爲用，而別之以無過不及焉，則將自其已措咸宜之後，見其無過焉而贊之以無過，見其無不及焉而贊之以無不及。是虛加之詞，而非有一至道焉實爲中庸，胥古今天下之人，乃至中材以下，得一行焉無過無不及，而即可以此名歸之矣。夫子何以言「民鮮能久」，乃至「白刃可蹈」，而此不可能哉？此或朱子因他有所論辨，引中庸以證之，非正釋此章語輯章句者，喜其足以建立門庭，遂用祝本語……。〔註28〕

非善承先教，成全書者也。自當一從元本。〔註29〕

不可誤認朱子之意，以民之鮮能爲反中庸。〔註30〕

字朱子之詁，而勿爲後儒所惑，是以讀大全者之貴於刪也。〔註31〕

〔註25〕 王船山，《讀大學説》，頁395，同上。
〔註26〕 王船山，《讀大學説》，頁423，同上。
〔註27〕 王船山，《讀大學説》，頁422，同上。
〔註28〕 王船山，《讀中庸説》，頁450，同上。
〔註29〕 王船山，《讀中庸説》，頁457，同上。
〔註30〕 王船山，《讀中庸説》，頁478，同上。
〔註31〕 王船山，《讀中庸説》，頁500，同上。

船山於《讀中庸說》中對於朱子言論還是採取比較迴護態度。針對朱子學中有所疑慮處則是採取信者恆信，疑者存疑的態度，至於令人產生疑慮處，他便推測那些並非朱子本意，甚至可能是朱子後學詮釋的錯誤。因此，由《讀中庸說》與《讀大學說》中船山對於朱子言論的反應上來看，《讀中庸說》應是船山較早時期作品，內容還承襲朱子說法及思維概念，《讀大學說》則可能爲重訂重新加以刪改，故雜有船山較晚期獨立思考的概念。〔註32〕依此推知，由人間世事詮釋經典的手法是船山在此時期所建立一較爲完整的思維體系，如《讀中庸說》指出：道唯專屬人所有的概念。其次，又言人道有二，一爲立人之道，另一爲成乎人之道，在此並建立了極爲條理的素位概念，並分言聖人之道與君子之道等，當然此概念可能在船山《春秋家說》之類史學著作裡出現，但是實際上以思想理論架構出基礎應屬由《讀四書大全說》中開始。最後，中庸即指不偏不倚、無過與不及的體用概念，恰與船山思想脈絡中「相對對比」概念有異曲同工之妙。

　　最後，船山在《讀論語說》、《讀孟子說》中對於朱子的批評則不一，或是讚美或是責難均有：

> 至於小註所載朱子語，有「子貢多言」之說，則其証尤甚。子貢之多言，後之人亦何從而知之？將無以其居言語之科耶？夫子貢之以言語著者，以其善爲辭命也。春秋之時，會盟征伐交錯，而唯辭命是賴。官行人而銜使，乃其職分之所當脩。國語所載定魯、破齊、伯越、亡吳之事，既不足信。即使有之，亦脩辭不誠、以智損德之

〔註32〕案，參附件一，首先針對於王船山《讀大學說》論及朱子理論內容的言論凡22條，一、對於朱子理論加以批評和存有疑問的部份就佔了15條：「對於朱子說有所疑或責備者」有13條，「疑爲朱子門人詮釋有誤」則有2條。二、「對於朱子說法予以肯定」的則有7條，但主要是以符合王船山自己本身已有的理論內容才予以贊同，如「日生日成」的概念等。然而，再觀《讀中庸說》較明顯論及朱子理論的言論凡33條，一、對於朱子理論加以批評和存有疑問的部份只佔了11條：「對於朱子說有所疑或責備者」有6條，「疑爲朱子門人詮釋有誤」則有5條。在這11條內容中相較於《讀大學說》中批評朱子的言詞更爲溫和，例如：「朱子因他有所辯論，引中庸以證之，非正釋此章語」、「朱子藉中庸說道理……」等，並未直指朱子的論述是不合於原典意旨；二、「對於朱子說法予以肯定」的則有22條，在《讀中庸說》一書中至少有22條的內容是「明顯」同意朱子的說法。故依此可見王船山在此二書中所透顯的「承朱子之學點化」的轉變，亦可依此《讀中庸說》一書仍尊朱子之說，知此書之作早於《讀大學說》無疑。

答，而非未行而遽言之爲病。如以爲病在不先行其言，豈子貢之拒
百牢、辭尋盟者，爲其所不能行，而徒騰口說乎？〔註33〕

雙峰以下諸儒，將禮讓對爭奪說，朱子原不如此。只此是微言絕而
大義隱。朱子之遺意，至宋末而蕩然，良可悼已！〔註34〕

及乎朱子之時，則雖有浙學，而高明者已羞爲之，以奔騖於鵝湖，
則須直顯漆雕開之本旨，以閑程子之言，使不爲淫辭之所託，故實
指之曰，「『斯』指此理而言」。恐其不然，則將有以「斯」爲此心者，
抑將有以「斯」爲眼前境物、翠竹黃花、燈籠露柱者。以故，朱子
於此，有功於程子甚大。〔註35〕

船山《讀論語說》論朱子學，凡涉及船山早已論斷的思維概念有違背者才加
以批評，例如：上述中朱子以子貢多言，但是，船山卻在站「位」與「道」
的概念上來分析，他認爲子貢只是在他所處的時代裡扮演好自身的角色而
已，並沒有違背自己所當行的原則。船山在此時已有較朱子更爲精細且富自
我思考能力的分析。當然，船山對於朱子仍是褒過於貶。《讀孟子說》指出：

心便是統性情底，人之性善，全在此心凝之。只庶民便去，禽獸卻
不會去。禽獸只一向蒙蒙昧昧。其或有精明處，則甘食悅色而已，
此心存之，又將何用！朱子云「今人自謂能存，只是存其與禽獸同
者」，此語如迅雷驚蟄，除朱子外，無人解如此道。必知其異，而後
可與言存。若云與禽獸均有之心，但存得即好，其不致「率獸食人，
人將相食」者幾何哉！〔註36〕

朱子說人能推，禽獸不能推，亦但就才上見得末流異處，而未及
於性。禽獸之似仁似義者，當下已差了。虎狼之父子，只是姑息
之愛；蜂蟻之君臣，則以威相制而利相從耳。推得來又成其甚倫
理？〔註37〕

想來，「有天下而不與」之心，亦如此則已純乎天理而無可加矣。朱
子卻又深說一步，云「唯恐天下之不吾釋，益則求仁而得仁」，則又

〔註33〕王船山，《讀論語說》，頁606，同上。
〔註34〕王船山，《讀論語說》，頁633，同上。
〔註35〕王船山，《讀論語說》，頁651，同上。
〔註36〕王船山，《讀孟子說》，頁1021，同上。
〔註37〕王船山，《讀孟子說》，頁1025，同上。

成矯異。〔註38〕

　　《讀孟子說》雖對朱子的批評並不強烈，但是，亦同前所述，凡涉及到與自己已架構好的思維概念有衝突時亦會有所反駁，例如：船山對於「心」的概念其思維脈絡早已在《讀大學說》有較爲完整的說明，因此當船山發現朱子與自己概念不同，讓他認爲朱子有混淆心性之疑時，他便理所當然的提出了指責。

　　總而推論，此四書當以《讀中庸說》裡陳述的概念最早，〔註39〕次爲《讀大學說》，再而爲《讀論語說》、《讀孟子說》。此外，劉榮賢先生於《王船山張子正蒙注研究》〔註40〕指出：

> 船山於早、中期著周易外傳、尚書引義及讀四書大全說時，因其尚主陰陽爲一氣，故仍以「道」有其主持分劑之功用，故其時船山解釋濂溪之「太極」時乃未離「道」之主持分劑夫陰陽之意義。……
> 然自船山晚年作周易內傳時，分陰陽爲二氣，並以之首出於宇宙萬化之上，大闡其「乾坤並建」之説……

船山在六十七歲時「勉爲諸子作《周易內傳》」，故綜合上述的言論，可以推知《讀四書大全說》的成書最晚不會到六十七歲時。

　　《讀四書大全說》成書歷程推敲，大約始於三十七歲或之前，四十七歲始重訂刪改，至少於六十七歲前已完成。如此長時間性的推論（三十年），看來這樣似乎毫意義，但是，此節的論述筆者意圖有二：其一爲，船山的創作與思想是不停轉化，隨著時代、環境、本身的經歷等等變易，而且平心而論，

〔註38〕王船山，《讀孟子說》，頁1037，同上。

〔註39〕王船山，《讀大學說》中曾指出：「中庸云『莫見乎隱，莫顯乎微』，謂君子之自知也。此言十目十手，亦言誠意者之自知其意。如一物於此，十目視之而無所遁，十手指之而無所匿，其爲理爲欲，顯見在中，纖毫不昧，正可以施愼之之功。故曰：『其嚴乎！』謂其尚於此而謹嚴之乎！能致其嚴，則心可正而身可修矣。其義備中庸說中，可參觀之。」頁419，案：由成書的先後而論，必前書所論述已詳，後成書者作者便可請讀者參閱前書、或簡略說明論述重點即可。承如船山於《讀論語說》中針對其他諸子在生死的詮解上有疑慮處，遂言「詳見愚所著周易外傳，當以俟之知者」〈先進〉，頁753～745；此外，船山論及堯舜禪授的情況有著異於他人的言論，除了在《讀孟子說》裡略述外，更自謂之「堯、舜禪授之說，愚於尚書引義中論之頗詳，想來當時亦不甚作驚天動地看。」〈萬章〉，頁1037～1038。依此吾人即可推知：《讀中庸說》成書早於《讀大學說》無疑。

〔註40〕劉榮賢先生，《王船山張子正蒙注研究》，1983年12月，東海大學中文研究所，碩士論文。

一個作家，特別是思想家，他們是從未對於自己思想有滿意的時候，總是每每在不斷地修訂中，條理出較爲完善且可說服自己的論述與架構。因此，也不必要強說此書定爲船山中年時期（四十七歲）代表作品，換言之，《讀四書大全說》一書是船山不斷刪改後的作品。其次，筆者認爲此書實可視之爲船山思想由尊朱子學，到自立架構思維的轉變期代表作品，故不容忽視。

三、小　結

　　無論是近代人所認知的漢儒或是宋儒所認知的漢儒，由時代的不同課題造就了不同思維。學者從事於經典詮釋的歷程中可以得知，典籍詮釋不是在企圖得知他人的概念爲何，往往最主要的仍是依經以立己說，並增加自己言論的說服力。當然，不可依此而認爲依經立說是有問題，傳統學者獨特的詮釋方法才使得流傳長久的學術思想更加活潑不至呆滯。或言之，學術發展不只是學術發展，它亦代表著文人思想的傳播，元明清以來的政治箝制，對於內心不斷奔馳欲有所作爲的文人禁令是絲毫沒有用處，它反而使學術思維更發達。

第三章　王船山《讀中庸說》所架構的
　　　　知人概念

第一節　歷來「中庸」義的詮解與困境

　　綜觀歷來各個學派理論發展情況，他們常困擾於理論體系的不完整且難以因應時代的趨勢，故學者們往往會有一共同現象即是必然地加入當時代總思潮趨向，或是加入普遍性集體意識的概念在其中，然而，這種手段只能藉此補足各學派理論架構中，在當時代「實際操作上本來就存在的匱乏情狀」。經由上幾章的陳述得知，宋明理學者在學術發展思潮上，其理論與實際生活操作中，二者也遭受到既定目標與結果產生落差的困難。推究其因，由外而論即為整個時代學術傳播頂沸、外來佛學衝擊、學院興起、教育普及、再加上逐漸發展的出版業等，使此時期的學者遭受到了百家思想迸起的豐富與雜亂，然而在此時期學術與宗教信仰上混淆與眾說紛紜的情況，遂而造成學者莫衷一是；再觀學術理論內在的困局而論：疑經風潮的初試、儒學未能真正發揮實際服務群眾的力量、科舉制度造成經書解讀上的局限性等，因此，學者漸對於具學術傳承權威性著作產生諸多疑慮。因為儒學陷於內外的困境，使得宋明以來學者必須積極的建立一套足以統涉儒學內在本質的學術，又可以防止實際生活中佛釋道學的泛濫，而使儒學成為人們生活上唯一的精神指標，讓人們由希佛希極樂世界，再回到希聖賢希太平世界。於是，宋明學者針對於儒學本身的困難，首先補足的即是形上概念。應如何入手呢？就首推偽託子思所作的《中庸》一書。〔註1〕

〔註1〕勞思光，《新編中國哲學史》，頁77～81，同上。

　　《中庸》一書的作者，自史遷言「子思所作」。爾後，學者們無不秉持著如此的看法——朱熹、王船山亦是——並視此書為儒家學術上重要的典籍之一。《中庸》它本是戴記中一篇文章，朱熹特將它提出與《論》、《孟》、《大學》合併為「四書」，其後漸受到重視。宋代疑經風氣盛行，對於《中庸》一書朱子雖曾有疑惑。但是，由於尊經的態度，再加當時思潮的必要性，使得他對於《中庸》成書問題上存疑並語帶保留。〔註2〕近來學者察視《中庸》書中的內容、思維、概念、形式等等加以分析後，言此書非先秦時的作品。〔註3〕本文姑且不深究《中庸》的成書問題。然而，不可否認的，此書若非真正出自於儒家學派子思之手，但是，亦不可抹煞它在儒學學術史上的價值性。因為《中庸》此書研究的在宋時蔚為一股風尚，學者們無不藉著四書闡述個人理念，不只是涉及書中內容的研究值得重視，學者們如何為「中庸」釋名也成為學者們傳達個人思維、理念中重要的議題之一。故筆者將對於王船山與朱子的詮釋歧異性加以論述，並先追溯宋以前的者及之後的學者們是如何詮釋「中庸」二字，依此探知學者們如何藉由簡單的詮釋，將個人莫大的知人思維體系之骨架建立起來。

〔註2〕錢穆，「朱子尊《大學》、《論語》、《孟子》、《中庸》為四子書，然文集卷八十二書臨漳所刊四子後有曰：『抑嘗妄謂《中庸》雖七篇之所自出，讀者若不先於《孟子》而遽及之，則亦非所以為入道之漸也。』此乃朱子生平主張、亦是其一人之獨特主張也。就思想次第言，朱子固已悟及《孟子》當先《中庸》，惟未直指《中庸》為晚出書，猶其未及辨《周禮》之為偽書也。《語類》又曰：『《中庸》一書，枝枝相對，葉葉相當，不知怎生做得一個文字齊整。』『《中庸》三十三章，其次第甚密。古人著述，便是不可及。此只將別人語言鬥湊成篇，本末次第，終始總合，如此縝密。』此處指出《中庸》整篇文章之特點，在《孟子》前豈宜有此等文體。朱子於此亦自窺破，故雖未為《中庸》辨偽，然後人為《中庸》一書辨偽者，朱子意見仍多可作參考與根據。」頁281〜282，《朱子新學案》第五冊，三民書局，1971年9月。

〔註3〕案：如勞思光先生于《新編中國哲學史》中指出「蓋從哲學史角度看，則中庸乃晚出之書，則舊說所假定之中庸與孟子之傳承，顯已不能成立。孟子自謂承孔子之學，而孔子思想之特色即在於強調自覺心之主宰地位，孟子之心性論分明承此立場而建立。先秦北方思想傳統又向無形上學旨趣，則孟子何以忽采後世之形上學觀點，實不近情理。傳統說法所以不察覺此種困難，乃因受漢代後之學風影響，故忽視古今之異，以為後起之儒者所持之宇宙論及形上學理論，皆為先秦儒學所有。然此實悖于古史，尤不合哲學史所關之史實……」頁194，由《中庸》與《孟子》二書的關係之中判定《中庸》非先秦時之作品。此外，亦有學者由不同的角度切入探討，內容繁多不能具載。

一、先秦學者釋「中庸」義

（一）先秦書籍資料

孔子之前的著作中並無直接以「中庸」二字合用的記載。然而亦可由《尚書》等其他文獻資料尋求得知先秦時所使用的「中」字義，是近似於之後人們對於「中庸」義即不偏不倚、無過與不及的詮解，及其必須和「道德」並行的認知。例如：《尚書‧盤庚》中記載「汝分猷念以相從，各設中於乃心」，又《酒誥》記周公告誡眾臣言：「爾克永觀省，作稽中德」，在心建立一不偏不倚、無過與不及的準則，並依此作爲人德行遵行的圭臬，謂之爲中德。故可以得知，將德、心與中三者概念並用的理念早就存在於人們心裡，只可惜遍尋先秦典籍資料，除了以上所摘錄簡要文字內容外，人們尚未能找尋到更爲詳細敘述「中」字概念、內涵等文獻資訊。總而言之，「中庸」即「中德」早在先秦時已是一個普遍存在的觀念了。

（二）孔子釋中庸義

自孔子始才有確切的文字記載「中庸」著二字合用的情況，《論語》〈雍也〉篇：「中庸之爲德也，其至矣乎！民鮮久矣」，〔註4〕中庸爲極至之德，如何掌握其中的條理而達到至善至美？這實在是具有困難性，於是，《論語》指出：長久以來一般人是（較少）較難達到至德狀態。此外，《論語》一書提及「中庸」二字於將中庸和德二者關係結合陳述，並在層層解說下使得「中」的內在意涵能較之先秦解釋的「中德」義更爲清楚。「中庸」合述《論語》無疑爲首創者。誠如陳廣西和王延濤在〈簡論中庸思想的發展〉〔註5〕一文中所示，我們可經由《論語》書裡談論到其他如：中行、過猶不及等等概念來略加推敲，可以得知孔子言「中庸」義內容無疑是泛指：作爲在人德行上，其顯示於外的狀態是無過與不及，爲折衷得宜，此亦人之所以爲人的道德標準。爾後學者多依此詮釋原則釐定「中庸」義。

二、漢代學者釋「中庸」義

「不偏不倚，無過與不及」的中道概念，到了漢代，更有著多元發展。首先就政治上而論，董仲舒時不只以「中庸」義釋天地常則，更將「中庸」

〔註4〕（宋）朱熹集註，蔣伯潛廣解，《四書讀本‧論語》，頁84，啓明書局。
〔註5〕陳廣西、王延濤，〈簡論中庸思想的發展〉，同上。

義實際運用到治國策略上，例如：他指出了治民之道是應當行中庸政策，均貧富，人民沒有富貴的區別，擁有等量財富，那麼人民也不需汲汲營營於利益上追求，自然的人與人之間就不會相爭，如此一來，在上者即可簡單管理人民，在下者也安居樂業，達到真正政通人和的境界。〔註6〕董仲舒藉著「中庸」義將天地——君治——民安，三者結合起來，也是第一個將理論與政治活動結合的例子。其次，以「中庸」為實際人生行為準則，並依此做為評鑑人的有劉向，他指出中庸的不偏不倚、過或不及的觀念正巧能從事於臧否人物行為的準則，這觀念的出現實與魏晉人物品評有著前導作用。但是，值得注意的，還是在儒學史上具有指標性意義的鄭玄對「中庸」義詮解。它內容實帶給後來儒者在「中庸」義詮釋時有著引導作用，專心致力注經事業的鄭玄注解五經過程，實際地將「中」與「庸」內容範疇作了界說。首先，鄭玄注《禮記·中庸》時以「常」義釋「庸」字：「仲尼曰：君子中庸，小人反中庸」一句時，他說道：「庸，常也。用中，為常道」，君子人用中，因此是依常道〔註7〕而行事，反觀小人則並不是依常道行事，故「小人反中庸」，中在

〔註6〕《春秋繁露·度制篇》說：「孔子曰：不患貧而患不均，故有所積重則有所空虛。大富則驕，大貧則憂，憂則為盜，驕則為暴。此眾人之情也。聖人則于眾人之情，見亂所從生，故其制人道而差上下也。……以此為度而調均之，是以財不匱而上下相安，故易治也。」《春秋繁露·深察名號》第三十五說：「天不言，使人發其意；弗為，使人行其中；名則聖人所發天意，不可不深觀也。……是故君意不比於元，則動而失本；動而失本，則為不立；所為不立，則不效於原；不效于原，則自委舍；自委舍，則化不行；用權於變，則失中適之宜；失中適之宜，則道不平、德不溫……則不全於君。今按聖人言中本無性善名，而有善人吾不得見之矣，使萬民之性皆已能善，善人者何為不見也，觀孔子言此之意，以為善甚難當；而孟子以為萬民性皆能當之，過矣。聖人之性，不可以名性，鬥筲之性，又不可以名性，名性者，中民之性。……性者，天質之樸也，善者，王教之化也；無其質，則王教不能化，無其王教，則質樸不能善。質而不以善性，其名不正，故不受也。」案：以上董仲舒於《春秋繁露》中的言論，極力的以「中庸不偏不倚，無過與不及」的意義作為君主及其治國的規範，這樣無疑是將中庸的內涵由「知人德行」擴大至「王道」，實際的將「中庸」義化為實用主義，服務於政治事業上。

〔註7〕案：「常道」一詞可解釋為：事象雖森然萬殊，一一皆依於此理序或規律。如勞思光先生解老子「複命曰常」句時說道：「老子：『致虛極，守靜篤，萬物並作，吾以觀複；夫物芸芸，各複歸其根；歸根曰靜，是謂複命；複命曰常，知常曰明。』常即指道，知常即對道之觀照，即老子所謂之明。蓋老子否定認知我，故不以知經驗事物之性質或經驗關係為明，獨以知常為明。……言經驗事象流轉變生，而自覺心獨觀此事象所歸依之理序（規律）。事象雖森然萬殊，一一皆依於此理序或規律。……複命者回歸於本然之謂；言實相既朗

這裡有著做爲人的標準、原則之意義；其次，鄭氏以「用」義釋「庸」，在解釋「執其二端，用其中于民」句，指出了「二端過與不及也。用其中於民，賢與不肖皆能行之也」，他認爲：針對於在上位者而言，過與不及是處理事務的兩端，但是唯有「用其中」於百姓、人民才是較好的策略，無論是賢者或不肖之人均可尋求「中」之道來作爲德與行上的準則。綜合上述，鄭玄所指「庸」實有二義：一作「常」釋即「用中，爲常道」；另一作「用」解。張岱年先生〔註8〕推論「常」字鄭氏將其詮釋「似指常行之常」與「用」二意義，但是，細查二個詮釋後內涵，它們的結果是根本無法相連結。依此，張氏斷言鄭玄釋「庸」字兼有二義，是連他自己也難以自圓其說。

三、朱熹與王船山釋「中庸」義及其歧異性

到了宋代，朱子卻巧妙的結合「理」、「道」觀念於中庸義中，克服了鄭氏釋「庸」的「用」與「常」二義概念上無法聯結的困局。以下略述朱子在《中庸集註》與《四書或問》的談話，見其是如何詮解「中庸」義，並依此與船山「中庸義」做一相對照，藉以說明受朱子影響的船山，在詮釋「中庸」義的同時是如何的承朱子學說，又對朱子學說產生疑惑與不解的矛盾情懷，這裡也將透顯船山個人思想雛型的形成。《四書或問》記載：

> 曰：庸字之義，程子以不易言之，而子以平常，何也？
>
> 曰：惟其平常，故可常而不可易，若驚世駭俗之事，則可暫而不得爲常矣。二說雖殊，其致一也。但謂之不易，則必要於久而後見，不若謂之平常，則直驗於今之無所詭異，而其常久而不可易者可兼舉也。況中庸之云，上與高明爲對，而下與無忌憚者相反，其曰庸德之行，庸言之謹，又以見夫雖細微而不敢忽，則其名篇之義，以不易而爲言者，又孰若平常之爲切乎！〔註9〕
>
> 曰：然則所謂平常，將不爲淺近苟且之云乎？曰：不然也。所謂平

呈，自覺心定於本然之真，亦照見萬象之真；主體回歸於本然之主體性，客體亦回歸於本然之客體性。此爲真常，故謂複命曰常。能見此主客回歸於本然之境界，即爲真知，故謂知常曰明。」《新編中國哲學史》，同上。

〔註8〕張岱年，《中國古典哲學概念範疇要論》，頁177，中國社會科學出版社，2000年3月印刷。

〔註9〕朱熹，《四書或問》，頁44，同上。

常，亦曰事理之當然，而無所詭異云爾，是固非有甚高難行之事，而亦同流合汙之謂哉！既曰當然，則自君臣父子、日用之常，推而至於堯、舜之禪授，湯、武之放伐，其變無窮，亦無適而非平常矣。
〔註10〕

程頤言「不偏不倚之謂中，不易之謂庸。中者天下之正道，庸者天下之定理」，朱子論及「中庸」義涵時藉由師說加以衍伸深論。由以上所摘錄的引文中，首先，單就「中庸」二字的義涵加以說明，朱子釋「庸」字為「平常」，其層次有上二：其一，就事理內含而言，平常即可常，因為均非驚世駭俗的事；其二，就時間上而言，平常即不易，因為習以為常即平常，不易則是需要經由長時間才能查知。此外，再結合朱子對於《中庸》一書教授的內容認知上而論，它傳遞的無一不是常道，君臣之道、父子之道、夫婦之道等人應事物的普遍性原則與道理。因此結合「中庸」二字的訓釋及統觀《中庸》一書的內容，平常就是指事理之當然無疑。它是指示著為君、臣、父、子等必有一定恆常的道理原則在其中，平常是普通、長久普通不需要更變的意義。依此，筆者認為：朱子由「中庸」二字呈現於外的意涵及《中庸》一書內容意涵的二者概念結合論述下，而以「中庸」即是平常、普通的、即是如此的概念性，將遂「平常——可常——不可易（不易）——事理之當然」，此四者緊緊相扣。總而言之，中是用、實行，庸是準則，中庸合而言之就是實行於平常日用的準則。這即朱子所曾言：「中庸者，不偏不倚，無過與不及，而平常之理，乃天命所當然，精微之極致」。依此又可推論，朱子的「常」義是接近他認知中的「道」概念，朱子在解釋「率性之謂道」的文句中指出了：「道者，日用物當行之理，皆性之德而具於心，無物不有，無時不然，所以不可臾離。若其可離，則豈率性之謂哉！是以君子之心，常存敬畏，雖不見聞，亦不敢忽，所以存天理之本然，而不使離於須臾之頃也」，〔註11〕而在於朱子語類中亦載：「中庸所言是日用常行合做底道理，如『為人君止於仁，為人臣止於敬，為人子止於孝……』，蓋釋氏不理會常行之道，只要空守著一箇物事，便喚做道，與中庸自不同」，〔註12〕合而觀知，朱子是以中庸即是道，道即是中庸，二者均是日常生活用物的道理原則。它們都是理之當然、普通、即是如此的意思。

〔註10〕 朱熹，《四書或問》，頁 45，同上。
〔註11〕 錢穆，《四書釋義》附錄，頁 320，素書樓，1990 年 11 月。
〔註12〕 （宋）黎靖德編，王星賢點校，《朱子語類》，頁 1496，同上。

因此，中庸與道二者都沒有所謂弔詭奇異，或是高深困難的情況在其中。

　　然而，承襲朱子學的船山，在「中庸」義上卻有著不同的認知，實是漸透顯個人思維理路發展的開始，〔註13〕茲錄幾則船山解中庸義內容，並依此說明他個人理解。首先，在《讀中庸說》談論到朱子以「庸，平常」解「中庸」義時，他說道：

> 若夫庸之爲義，在說文則云「庸，用也」；尚書之言庸者，無不與用義同。自朱子以前，無有將此字作平常解者。易（文言）所云「庸行」「庸言」者，亦但謂有用之行、有用之言也。蓋以庸爲日用則可，而於日用之下加「尋常」二字，則贅矣。道之見於事物者，日用而不窮，在常而常，在變而變，總此吾性所得之中以爲之體而見乎用，非但以平常無奇而言審矣。朱子既立庸常之義，乃謂湯、武放伐，亦止平常。夫放君伐主而謂之非過不及，則可矣，倘必謂之平常而無奇，則天下何者而可謂之奇也？〔註14〕

船山對於朱子以「平常」來解釋「庸」字有著矛盾與懷疑。他認爲在朱子之前的文獻資料中，無論是文字學、史學等都沒有這樣解釋，例如：《說文》《尚書》等書，它們都將「庸」字解釋爲「用」義。除此之外，《易經》〈文言〉中所記載雖將「庸」字和其他字合用，例如有「庸行」、「庸言」的說法，但是這些詞我們還是解釋爲用之行、用之言。因此由實際文獻資料來考查，朱子的詮釋內容船山認爲是非常值的商榷。話雖如此，但是朱子解「中庸」義，重點是在於指涉「中庸」就是人們平常日用事物當行的理。這樣的觀點是以現實世界爲思維脈絡出發點，船山於理上當然同意「以庸爲平常」。因爲，船山認爲：「道之見於事物者，日用而不窮，在常而常，在變而變，總此吾性所

〔註13〕案：筆者會有如此論述是依據前章王船山《讀四書大全說》成書的推論而言。但是，不可否認的，王船山在此論述中已經漸透顯個人的思維脈絡，然而無法全然、斷然地推翻朱子論述中的疑慮，實在是朱子的學說中太多「觀念」陳述，且讓人看來「感覺上」沒有問題。就如同朱子言「平常」就是「可常」，亦是「不易」。若細究「常」字加上另一個字就有不同的用法與意義，如「平常」的「常」字，當形容詞用，表示普通的、不足爲奇的意思。「可常」的「常」字若義近於「不易」那麼它應當作副詞用，表示恆久不變的意思，即可以恆久不變。因此，強將平常、可常、不易類推並歸爲同一範疇是有問題的。也因此王船山必須爲朱子的解說作以上的再詮解與釐清。無論王船山的解釋是否眞契合於朱子的想法，然而由他的急欲釐清的言論下，可以發現他漸有的個人理論與師學間的矛盾情結。

〔註14〕王船山，《讀中庸說》，頁452～453，同上。

得之中以爲之體而見乎用……」，一般人所指的道理，就是指人平常在應對事物時的道理原則。中庸它就是一個理則、規律，但是，它又並非完全固執不可變通，它會因應不同的時代環境、人物、事件等情況而有著不同的權宜之計，就如同儒家言：「禮與其奢也，寧儉；喪，與其易也寧戚」，〔註15〕一般禮儀無論是婚喪孝等不在於外在形式活動呈現，重要的是在禮內在本質意涵，人唯有掌握了根本事理原則，才會行當行之道。就如同人的內在本然就具有仁、義、禮的概念，主要是行、用在於對應人、事、物上，而這些道理內涵也必須藉由人行、用才可觀知。這樣的觀點即是船山思維體系中另一個重要的論點：「人皆載道之器」。〔註16〕這也是爲何船山只在「平常日用」義上同意朱子的說法。其實，若要分辨船山如何異於師說又不違師說的矛盾情況，則可在二人在釋「中」字義上即可窺知。以下先摘錄朱子《四書或問》答弟子「《中庸》名篇之義」中論及「中」字義的內容：

> 或問：名篇之義，程子專以不偏爲言，呂氏專以無過不及爲説，二者固不同矣，子乃合而言之，何也？
>
> 曰：中，一名而有二義，程子固言之矣。今以其說推之，不偏不倚云者，程子所謂在中之義，未發之前無所偏倚之名也；無過不及者，程子所謂中之道也，見諸行事各得其中之名也。蓋不偏不倚，猶立而不近四旁，心之體、地之中也。無過不及，猶行不先不後，理之當、事之中。故於未發之大本，則取不偏不倚之名；於已發而時中，則取無過不及之義，語固各有當也。然方其未發，雖未有無過不及之可名，而所以爲無過不及之本體，實在於是；及其發而得中也，雖其所主不能不偏於一事，然其所以無過不及者，是乃無偏倚者之所爲，而於一事之中，亦未嘗有所偏倚也。故程子又曰：「言和，則中在其中；言中，則含喜怒哀樂在其中。」而呂氏亦云：「當其未發，此心至虛，無所偏倚，故謂之中；以此心而應萬物之變，無往而非中矣。」是則二義雖殊，而實相爲體用，此愚於名篇之義，所以不得取此而遺彼也。〔註17〕

朱熹提出了中有二義：第一，指中未發狀態即「不偏不倚」，是程子所謂「在

〔註15〕《四書讀本 —— 論語》，頁 28，同上。

〔註16〕王船山，《讀中庸說》，頁 501，同上。

〔註17〕《四書或問》，頁 44，同上。

中之義」、「中之體」；第二，指中已發即「無過不及」、「見諸行事各得其中」
的狀態，程子所謂「中之道」、「中之用」。朱子曾於《朱子語類》說明了：

> 以性情言之，謂之中和；以禮義言之，謂之中庸，其實一也。以庸
> 而言，則又折轉來，庸是體，中是用。如伊川云「中者天下之正道，
> 庸者天下之定理」是也。此「中」卻是「時中」、「執中」之中。以
> 中和對中庸而言，則中和又是體，中庸又是用。〔註18〕

依此，朱子言「中」字有「不偏不倚」及「無過不及」，此二名為不同層次
上的說明，其一針對於性情已發未發而論，在中即是未發、為心之體；當發
而中節稱之為和，和即是用。另一是就實際道理上而論，用中即是實際力行
上採取無過與不及的策略、方式，為用；而其根本就是依尋庸，平常日用之
理，當然之理，故在此庸為體。中放置在不同層次上而論則具有體與用二種
不同狀態。然而，船山對於「中」同時具有體用說的概念並不認同，他指出：
「凡言中者，皆體而非用矣」、「中，體也；時而措之，然後其為用也」。《讀
中庸說》中指出：

> 天下之理統於一中：合仁、義、禮、知而一中也，析仁、義、禮、
> 知而一中也。合者不雜……離者不孤……而實與太極之○無有異
> 也。審此，則「中和」之中，與「時中」之中，均一而無二矣。朱
> 子既為分而兩存之，又為合而貫通之，是已。……。但言體，其為
> 必有用者可知；而但言用，則不足以見體。「時中」之中，非但用也。
> 中，體也；時而措之，然後其為用也。……書曰「允執厥中。」……
> 子曰：「君子而時中。」又曰：「用其中於民。」……則「中和」之
> 和，統乎一中以有體，不但中為體而和非體也。「時中」之中，兼和
> 為言。和固為體，「時中」之中不但為用也明矣。……非有一至道焉
> 實為中庸，胥古今天下之人，乃至中材以下，得一行焉無過無不及，
> 而即可以此名歸之矣。……未發之中，不偏不倚以為體，而君子之
> 存養，乃至聖人之敦化，胥用也。已發之中，無過不及以為體，而
> 君子之省察，乃至聖人之川流，胥用也。未發未有用，而君子則自
> 有其不顯篤恭之用。已發既成乎用，而天理則固有其察上察下之
> 體。……故中庸一篇，無不緣本乎德而以成乎道，則以中之為德本
> 天德，而庸之為道成王道，天德、王道一以貫之。是以天命之性，

> 不離乎一動一靜之間，而喜怒哀樂之本乎性、見乎情者，可以通天
> 地萬物之理。如其不然，則君子之存養爲無用，而省察爲無體，判
> 然二致，將何以合一而成位育之功哉？〔註19〕

船山以太極內雖分爲男女五行等，但是，合而觀之並不相混雜爲一，析離分述卻又不孤立存在，全因爲它們統攝在太極之理裡。同理可證，「天下之理統於一中」，船山將中由已發、未發的觀點上區分，已發之中以無過不及爲體，未發之中以不偏不倚爲體，故凡言「中」皆爲體。前者「已發之中」爲君子所存養，後者「未發之中」爲君子所省察，二者最終的目的都在於用。誠如許冠山所言，體用二詞的喻義在船山著作之中頗有繁變。若以今語表示，可以是結構與功能，全體與部分，一般與特殊，抽象與具體，空類與實類，大類與小類等，而船山這樣的概念釐清是近似於今日科學分析手法。〔註20〕船山在從事於「中」字範疇概念分析上，是以一大原則來統括二個並行不悖的小概念，在同一個層次上論「中」義。船山和朱子的比較方式上除了顯現出後出轉精的優點外，更能夠解決朱子學中常發生「原則之外還有例外」麻煩困局。這種「繇體達用」，用中有體，體中有用的二端一致詮解法，再加具活潑性的歷程概念，無不使詮解涉及人的議題概念時更爲圓融具合理性。

四、小　結

　　船山以「中庸」言「體用」，其「體用」並非斷然區分爲二，而是「繇體達用」，中做爲一切事物的本體依據。因此，船山論及天時即是以「中之爲理」，中的不偏不倚、無過與不及爲天的理則。說到宋明理學者論「天人之際」，則中的觀點內容與作用，恰是天理人道最佳的原則與銜接。如船山所指：

> 以在天而言，則中之爲理，流行而無不在。以在人而言，則庸人之
> 放其心於物交未引之先，異端措其心於一念不起之域，其失此中也
> 亦久矣。〔註21〕

中是天之理，流行而無不在，爲體。人以天理、天德爲應物的準則，故亦同以中爲體達用。中庸體用觀同時也揭示著船山注重歷程意義的呈現。

〔註19〕 王船山，《讀中庸説》，頁 450～451，同上。

〔註20〕 許冠山，《王船山的致知論》，中文大學出版社，1981 年。

〔註21〕 王船山，《讀中庸説》，頁 471，同上。

第二節　王船山「體」概念的指涉範疇

　　體與用概念是宋明學者重要課題，而儒家《論》、《孟》、《易》、《庸》幾書
中所含之本體義，也在宋明學者的擴充講論後更加彰顯。所謂的「體」所指為
何呢？簡言之，「中國哲學之所謂體者，乃根本義，普遍義、全體義」，〔註22〕
未必一定指現象界一切存有活動之最高依據，應可視為同傳統觀念中「本」概
念相近——指人事物本然所具有的主要內涵。就如同曾昭旭先生提到「體的面
貌」指出：

> 然根本之全體原不可說而只可契悟，契悟之進路不一，表詮方式有
> 異，一體遂亦宛現為不同之面貌。然面貌宛似不同，而體則實只是
> 一也。〔註23〕

因此，無論是天體、誠體、神體、天命之體、於穆不已之體、道體……等等，
俱是就體為一實體之意而言，此為儒家最切要的立場，也為宋明學者所共許。
用即是一般所知的運用、實施義。

一、心　體

　　船山並不以「心體性用」來說明心性與體用之間的關係，而是直以心有
心之體，性有性體，意有意體，耳目口亦有耳目口體，大凡任何事物都有其
本然的狀態，即其體。而個別事物本然的狀態顯現出來亦是事物本性、事物
的本體。因此，當他論「心體」時指出：

> 且以本傳求之，則好好色、惡惡臭者，亦心而已。意或無感而生，
> 心則未有所感而不現。好色惡臭之不當前，人則無所好而無所惡。
> 意則起念於此，而取境於彼。心則固有焉而不待起，受境而非取境。
> 今此惡惡臭、好好色者，未嘗起念以求好之惡之，而亦不往取焉，
> 特境至斯受，因以如其好惡之素。且好則固好，惡則固惡，雖境有
> 閒斷，因伏不發，而其體自恆，是其屬心而不屬意明矣。〔註24〕

船山藉由心與意的比較之下更能顯現他對於心體的認知，他曾在論及「心內身
外」議題時指出，以「心內身外」那麼「意」又將錯置於何處呢？他認為一般

〔註22〕曾昭旭先生，〈論王船山之即氣言體〉，《鵝湖》1976年4月。
〔註23〕曾昭旭先生，〈論王船山之即氣言體〉，同上。
〔註24〕王船山，《讀大學說》，頁415，案：藉著與意體的比較下更能夠凸顯心體的本
　　　　來內涵為何，同上。

人常混淆了故以意爲心，實在是因爲意它介於心與身之間而造成難以分辨。然而，就此二者的關係論，它們應當是：「因心發意，心先意後，先者爲體於中，後者發用於外。」船山以先後、體用的概念來說明，心與意之間的關係。但是，這樣的論述並非指示著——意是由心而起，船山理解的概念裡凡各個物均有其體，心有心體，亦當然也有意體。依此可知船山在「體」概念上的認知，是指事物本然的狀態。論及分辨「心體」時，船山曾以好好色、惡惡臭爲例。談到好好色，惡惡臭，它們所揭示的是：一個人正常反應會被美好的人事物所吸引進而喜好它，反之則否，這就是當然之理是「心意」具實呈現。但是，這並不是指心、意同爲一體，二者還是有所不同，心體：1、它是無所感則不現，對於美好的事物喜好它，對於醜惡的事物厭惡它，這全必須眞正經歷了才明瞭；2、心是本然所固有。本然就存在於人身之中，船山云：「人所不及知而己所獨知者，意也。心則己所不睹不聞而恆存矣」，回歸人本身上探索心體，言心體的恆常性與被動受境的情況，直搗心本然的狀況，是不同朱子以性爲心之體，反覆抽象形容的循環概念，反使心性本體爲何更加混淆不易辨識。

二、性　體

此外，論及船山對於性體的概念，應先可由船山對朱子「性」概念批判其「以性爲二的謬誤概念」入手。朱子、程子以及張載他們將性區分爲二，即天地之性與氣質之性。這樣將性區分爲二造成船山對於朱子學心性論有所攻訐。在朱子建構的心性論體系裡，常常產生在一定原則中又要爲「例外」概念作較爲合理的詮釋，因而，衍生出的問題中不只是分心爲二：「天地之心」與「人心」；性亦別爲「天地之性」與「氣質之性」，朱子如此概念只能說明心體及性體雖各自爲體，但是，體之中又自含有二體。層層分別之下，這樣的區分使得人們對於朱子所談論的心體與性體產生誤解與難解，於是，船山在《讀論語說》中說道：

> 程子創說個氣質之性，殊覺崚嶒。先儒於此，不僅力說與人知，或
> 亦待人之自喻。乃緣此而初學不悟，遂疑人有兩性在，今不得已而
> 爲顯之。〔註25〕

程子、朱子甚至是張載，他們都曾有將性區爲「天地之性」與「氣質之性」

〔註25〕王船山，《讀論語說》〈陽貨〉，頁857，同上。

的作法。然而，將體或性體區分爲二並非船山思維理路中所能認同，他認爲
「性只是性」、「性是天人授受之總名」。由前章〈四書及王船山《讀四書大全
說》的成書〉一章所示，船山在撰寫《讀中庸說》時個人的思維體系尚未完
善，因此部分概念依舊承襲朱子的說法，於是，當面對朱子論性時又有二性
的解說，船山只能採取迴護手法，他推究其朱子如此詮解的原因是在於解決
初學者困擾，初學者往往對於「我固有之」的心體、性體難以辨別，容易陷
入懷疑進而認爲人身是具有二性，因此，朱子特以性有「天地之性」與「氣
質之性」的陳述加以區別心體與性體些微差距，這實是不得不的權宜之計。
但是不得不正視朱子學存在著困境，它對於心性本源說明不清，且在心性體
用概念界定混淆，絕對地將本體或形上概念斷然區分爲二，遂使得作爲聯繫
二者的媒介——「性」——立場十分尷尬；最後，論心性情時三者又均涉及
已發未發的概念，易使學者又將混亂心性情三者關係。在此船山面臨必須調
和理學與心學之間，他除了關心「理氣」問題，同樣注意實在存有世界，更
不會忽略「心性」問題。總之，身爲調和者對於朱子學中論述矛盾遂成爲船
山在《讀大學說》批判和自建自我體系概念的依據。船山言性體指出：

> 凡「仁義禮知」兼說處，言性之四德。知字，大端在是非上說。人
> 有人之是非，事有事之是非，而人與事之是非，必裡直下分明，只
> 此是智。胡雲峰據朱子解「致知」知字：「心之神明，所以妙眾理、
> 宰萬物」，釋此智字，大妄。知字帶用說，到才上方有；此智字則
> 是性體。「妙眾理，宰萬物」，在性體卻是義、禮上發底。朱子釋義
> 曰「心之制，事之宜」，豈非以「宰萬物」者乎？釋禮曰「天理之
> 節文」，豈非以「妙眾理」者乎？〔註26〕

由上摘錄的引文中窺知，船山所謂的「性體」是指，它涵具了「仁、義、禮、
知」四者在其中。所謂知即是分辨是非，此爲船山依照孟子回應公都子問「性
善」的談論加以釐析，孟子雖未在言談中直指仁義禮智爲性。但是，船山認
爲「心與性」二者性質太相近，未有較直接、科學的分析手法與詮解態度，
造成歷來學者陷在其中，但是，若實際再加以推究「心與性」，它們二者的本
質是並不相同。船山依著孟子所言釐清性體的本來的狀態，他說道：「仁義禮
智，非由外鑠我也，我固有之也……故曰：求則得之，舍則失之」，〔註27〕指

〔註26〕王船山，《讀大學說》，頁393，同上。
〔註27〕《孟子》，第11卷，〈告子上〉公都子曰：「告子曰：『性無善無不善也。』或

出仁義禮智是本存在於人內在，這種概念是與心體本存的概念相同。但是，
性體是「求則得之，舍則失之」，與心體所具有的恆常性概念是不同。此外，
求而得、舍即失的仁、義、禮、智概念恰巧與船山思維認知中的性體概念相
同。船山認爲，人的性體雖本來狀態爲天所受，但是它的形態發展上而論是
「日生日成」，〔註28〕也唯有在日日轉化下逐漸充實，這樣性的道德概念起著
連結天與人之間關係，作爲道德創造及超越性的依據。這和宋明學者所體認
的「性體」：它是對應於個體，特別指內在於人而言，是人所以能起道德創造
之超越依據。〔註 29〕是有著相同理解，只不過船山是更清楚的劃分心體與性
體，他們各自的職責，各有其用是不可混爲一談。最後，以船山論心體與性
體的差別性說明，統整如下：

> 性自不可拘蔽。儘人拘蔽他，終奈他不何，有時還迸露出來。即不
> 迸露，其理不失。既不可拘蔽，則亦不可加以明之之功。心便扣定
> 在一人身上，又會敷施翕受，所以氣稟得以拘之，物欲得以蔽之，
> 而格、致、誠、正亦可施功以復其明矣。〔註30〕

> 章句云：「明命即天之所以與我，而我之所以爲德者。」須活看一「即」
> 字。如「性即理也」，倘刪去「即」字，而云「性理也」，則固不可。
> 即者，言即者個物事，非有異也。〔註31〕

曰：『性可以爲善，可以爲不善，是故文武興則民好善，幽厲興則民好暴。』
或曰：『有性善，有性不善，是故以堯爲君而有象，以瞽瞍爲父而有舜，以紂
爲兄之子且以爲君，而有微子啓、王子比干。』今曰『性善』，然則彼皆非歟？」
孟子曰：「乃若其情則可以爲善矣，乃所謂善也。若夫爲不善，非才之罪也。
惻隱之心，人皆有之；羞惡之心，人皆有之；恭敬之心，人皆有之；是非之
心，人皆有之。惻隱之心，仁也；羞惡之心，義也；恭敬之心，禮也；是非
之心，智也。仁義禮智，非由外鑠我也，我固有之也，弗思耳矣。故曰：求
則得之，舍則失之。或相倍蓰而無算者，不能盡其才者也。《詩》曰：『天生
蒸民，有物有則。民之秉彝，好是懿德。』孔子曰：『爲此詩者，其知道乎！
故有物必有則，民之秉彝也，故好是懿德。』」頁264～266，同上。
〔註28〕王船山，《讀大學說》：「愚于周易尚書傳義中，說生初有天命，向後日日皆有
天命，天命之謂性，則亦日日成之爲性，其說似與先儒不合。今讀朱子「無
時而不發現於日用之閒」一語，幸先得我心之所然。性是二氣五行妙合凝結
以生底物事，此則合得停勻，結得清爽，終留不失，使人別於物之蒙昧者也。」
頁394～3945，同上。
〔註29〕曾昭旭先生，〈論王船山之即氣言體〉，同上。
〔註30〕王船山，《讀大學說》，頁395，同上。
〔註31〕王船山，《讀大學說》，頁404，同上。

船山論「性」含涉著「理」與「氣」二個概念論述。〔註32〕心與性同統攝於人身，心中持志，會因為人的志向所偏執，而有受到物欲拘蔽的困擾，故要施予格、致、誠、正功夫，方可以達到格、致、誠、正的效果；至於談到二氣所生之性，是天所與我者，不會受到物欲拘蔽，即使受到拘蔽還是會自己顯露出來，他並不需要施予任何的功夫就可以達到不受拘蔽的成效。心、性二者內涵不同是不可混而論述。總而言之，如張岱年所指出，船山創作中，「體」往往是含有三層意義：〔註33〕一是指實物的具體存在，即實體；二以體指涉事物的本性；三則是以體為天地萬物最高本原。它由人本身，到人外在所表現的情狀，直到內在含涉與天地、宇宙的聯絡，體它並非呆呆板板就只是體，是可以層層剖析深入。依此亦可以說，船山在釐清「體」範疇的指涉與以「體」為基點擴展下，船山心性架構是十分清晰。

三、統說王船山「體用」概念的指涉範疇

最後，略言船山的「體用論」。唐代以前對於體用並未有特別注意或陳述，直到佛教的傳入，體用的概念才成為爭論的焦點。宋明學者的努力之下，遂逐漸將專屬於儒家體用系統建立起來，這可以算是宋明學者在儒學史上的大貢獻。然而，在傳統學者認知中，體與用二者是否擁有聯繫關係呢？首先，針對於體用概念有相近說法者，如《論語》中所論及的：「林放問禮之本。子曰：『大哉問！禮與其奢也，寧儉；喪，與其易也，寧戚。』」〔註34〕這裡的「本」字指禮的內在義涵、禮的本然原則，此義近於後人所用的「體」概念；此外，《論語》亦載有：「有子曰：『禮之用，和為貴；先王之道，斯為美，小大由之……。』」〔註35〕此則是指出了禮的實際運用、實施在於以和為貴，亦和後人所使用的「用」概念是相同。然而，此時卻未有將體與用合用或針對二者之間關係的說明。直至魏晉南北朝時，沈績為梁武帝注〈立神明成佛義記〉中指出：

> 既有其體，便有其用；語用非體，論體非用，用有興廢，體無生滅者也。……夫體之與用，不離不即，離體無用，故云不離；用義非

〔註32〕劉榮賢先生，〈《張子正蒙注》研究〉，頁 79，私立東海大學碩士論文，1983年 12 月。

〔註33〕張岱年，《中國古典哲學範疇》，頁 68，同上。

〔註34〕《四書讀本 —— 論語》，頁 28，同上。

〔註35〕《四書讀本 —— 論語》，頁 9，同上。

　　　體，故云不即。〔註36〕

由上述可知，沈績認爲有不變的體，且說明著「體用不離」的概念。至宋代
胡瑗更明白的指示著「明體達用」，〔註37〕故其弟子程頤遂依據師說有著：「體
用一源，顯微無間」。雖然，體用二者之間的聯繫性觀念雖未特別被學者注意，
但是，由前述的種種，可以發現學者對於體用還是有著以二者爲一的認知。
誠如同蒙先生所言中國的哲學思維中，現象既是主觀又是客觀，既是內在又
是外在，這即是對於中國哲學對於體用概念的詮解。〔註38〕但是，到了朱子
的時代，或許是因爲時代因素、或是學派之間的格物、致知爭論、餘議等種
種因素。朱子卻有以下略異於前人看法，他指出：

　　　體用一源者，自理而觀，則理爲體，象爲用，而理中有象，是一源
　　　也；顯微無間者，自象而觀，則象爲顯，理爲微，而象中有理，是
　　　無間也。……其實，體用顯微之分，則不能無也。〔註39〕

朱子指出了體用它們同源，是必須根據於道理、原則上而論，道理、原則爲
一切事物本體、內在本質，而這樣的內在本質是必須藉由實際運用、實施後
的現象才能觀知。但是，朱子同時不得不指出「體用顯微之分，則不能無也」，
體用之間還是有細微區別的，誠如前所述因或許是因爲時代因素；或爲了與
佛釋的體用論有所區隔；或則以「理」爲體所建構的理論體系必需做如此的
區分；或是學派之間的格物、致知的爭論餘議等種種因素，遂而使朱子體用
說帶有隔離的嫌疑。因此，船山爲朱子陳述「體用顯微之分」產生的弊端，
再度重整與說明。船山在體用論中提出了「體用相函」、「體用相因」此一元
論思維，是承襲著傳統觀念而來，也保留著朱子說，船山是認爲體與用之間
具有些許差異性。於是，他利用了詮釋手法中重要的「歷史歷程義」，呈現「繇
體達用」將朱子斷然二分的體用概念，做一活動連接，使其更具活潑性。船

〔註36〕《弘明集》卷九。

〔註37〕胡瑗，《宋元學案‧安定學案》。

〔註38〕蒙培元指出：「中國哲學不是用排除經驗的方法，把『現象』僅僅局限在純主
　　　觀的範圍內，從而『回到事物本身去』，以便爲世界『設定』意義。中國哲學
　　　認爲，現象既是主觀的，又是客觀的，既是內在的，又是外在的：現象和本
　　　質一樣，是主觀同客觀、內在同外在的統一。主體意識的意向內容就是世界
　　　的本質意義，二者是完全合一的。」頁4，「中國的哲學理論大都是關於實踐
　　　的理論，而不是概念或邏輯論等形式的理論。」頁8，《中國哲學主體思維》，
　　　人民出版社，1997年5月北京第3次印刷。

〔註39〕朱熹，《朱文公文集》卷三九，〈答陳見夫〉。

山談到體用時，針對於朱子或其他學者對於體用概念區別爲二的言論，船山帶著戲謔與批判性口吻說道：

> 逐句求義者見傳云「有所忿懥則不得其正」，必疑謂無所忿懥而後得其正。如此戲論，朱子亦既破之矣，以其顯爲悖謬也。而又曰「湛然虛明，心如太虛，如鏡先未有象，方始照見事物」，則其所破者用上無，而其所主者體上無也。體用元不可分作兩截，安見體上無者之賢於用上無耶？況乎其所謂「如一箇鏡，先未有象」，虛明之心固如此矣。即忿懥等之「不得其正」者，豈無事無物時，常懷著忿懼樂患之心？天下乃無此人。假令有無可忿當前而心恆懊惱，則亦病而已矣。是則「不得其正」者，亦先未有所忿懥，而因所感以忿懥耳。若其正者則樂多良友，未得其人而展轉願見；憂宗國之淪亡，覆敗無形，而耿耿不寐，亦何妨於正哉？〔註40〕

上述針對了「有所忿懥則不得其正」指出：第一，人是不會常懷著忿懼樂患之心，所謂忿懥是因心所感而所以忿懥。依船山思維脈絡，眼、耳、鼻分而爲體，合亦是體。就如同心爲體，忿懥爲其感於物而生之象，所以忿懥亦是心體的一部份。第二，船山所指之「正」字，在其詮釋系統中具有二義：其一，作動詞，有匡正、修正錯誤的積極工夫作用；其二，則當作形容詞，不偏不斜、純粹不雜之義。而在上文所摘錄的引文中「不得其正」，「正」字當以動詞解，故朱子認知中的「不得其正」是指：對於「心爲體，忿懥爲其感於物而生之象。」偏執、不正的心，是無法藉著格、致、誠、正的功夫、作用使偏執、不正的心可以得正。然而，這樣的觀點並非是船山所能認同，他遂藉著「鏡」之先未有象，來加以說明體用互見，沒有無體之用，亦沒有無用之體，揭示著「體用」二者之密切聯繫。〔註41〕他在《讀大學說》中指出了，大學是人成德之入門書籍，章首講「所謂脩身在正其心者」，章末云「此謂脩身在正心」，其次序井然，正因爲人有向善的內在趨力，實際的人雖會因爲種種因素而有非善情狀，故修身以「積極修正非善的而達到純粹不雜的善」。〔註42〕船山積極承認了人心會有正與非正的情狀，是真正的面對「人」，

〔註40〕王船山，《讀大學說》，頁419，同上。

〔註41〕王船山，《讀大學說》「如吳季子鏡衡之說，內求之心知而略於身，外求之物理而內失己也。」頁427，同上。

〔註42〕王船山，《讀大學說》「傳者於此章，只用半截活文，寫出一心不正、身不脩之象，以見身心之一貫。故章首云『所謂脩身在正其心者』，章末云『此謂脩

故而批判佛釋或朱子所謂「有所忿懥則不得其正」，這樣的論述是絕對割離、阻止了人爲善的可能，抹殺了人內在爲善的趨力。

如此觀點，讓我們見到了與歷來宋明以來儒者不同的「人學」概念，是與宋明學者極力推崇「存天理，去人欲」消極面對人性的脆弱與不堪上，王船山體用主張是有著對生命更積極的趨動性。綜合上述，可得知船山以中庸爲體用，而體用之間關係是「繇體達用」，因此，他指出：

> 中庸一篇，無不緣本乎德而以成乎道，則以中之爲德本天德，而庸之爲道成王道，天德、王道一以貫之。是以天命之性，不離乎一動一靜之閒，而喜怒哀樂之本乎性、見乎情者，可以通天地萬物之理。如其不然，則君子之存養爲無用，而省察爲無體，判然二致，將何以合一而成位育之功哉？〔註43〕

船山由體用概念論「中庸」，再由上所摘錄的引文中可以得知：中爲體、爲德，依據天德；庸爲用、爲道，實施成就王道。故中庸之道即是得天理，以成就現實世界的天人之際觀。這亦是船山異於宋明其他學者所論「中庸」義，而獨得的天人關係認知，故以下則觀船山如何在承襲著傳統，與「主體意識的意向內容就是世界的本質意義，二者是完全合一的」，二個概念下發展更進一步較爲實在、圓融的天人之際關係。

四、小　結

船山科學性精神體認，將所有的事物回歸到本然狀態加以評論，就事論事，依物言物，以心有心體，性有性體，情有情體等，並肯定事物有依其體達到其本來作用、極致本來作用的情勢，也因此釐清了心、性、情、志等概念模糊的地帶。其次，船山的以「中」爲體、爲德，依據天德；「庸」爲用、爲道，實施成就王道，並在「繇體達用」概念下言：中庸之道即是得天理，以成就現實世界。於此，不只突破歷來天人之間，天高人卑等及局限人自身

身在正心』，但爲兩『在』字顯現條理，以見欲脩其身者，不可竟於身上安排，而大學正心之條目，故非爲迂玄之教。若正心工夫，則初未之及，固不以無所忿懥云云者爲正之之功，而亦不以致察於四者之生，使不以累虛明之本體爲正也。夫不察則不正，固然矣。乃慮其不正而察之者，何物也哉？必其如鑑如衡而後能察，則所以能如鑑如衡者，亦必有其道矣。故曰『不動心有道』也。」頁421，同上。

〔註43〕王船山，《讀中庸說》頁451，同上。

的概念，他進一步肯定人本來所具有「成就自我」的能力。這種企盼人能積極面對世事的種種與國家社會變化，是船山所關注的方向，無疑也爲那時代環境壓力下給予知識份子的道德使命。

第三節　王船山由體用概念所開展出的天人之際觀

一、歷來對天與人關係的認知

在中國思想概念範疇中，最常被拿來作爲補足學派理論在實際操作上困窘的概念——「天」。因爲它充滿了神祕色彩的特質，於是，當人們遭受到無法詮解、不可思議的現實生活衝擊時，它便成爲一個很好的「理由」。凡是，人力所不能決定的範圍就全都歸之於天。這也就是我們所熟知的，並稱呼它爲「人格天」。〔註44〕這樣的它所代表的是，主宰者，並具意願性，即「天意」。但在孔子之後的社會日漸透顯出人文精神，且「天」概念又非當時思潮主流，遂有人言，此時天概念已轉化爲「形上天」〔註45〕即是指天只表一實體，只有理序和規律，並無意願性。無論是人格天或是形上天等等，從具體的神祇至抽象的天概念崇拜，無一不是紀錄著時代學術思維需求的發展，以及屬於人類心理的依靠與轉化。然而，論及這一個原始觀念時，則又會讓人聯想到，鮮少言天的儒者，在面對時代思潮需求時，是如何面對？或則我們可以思考，天這一個概念是如何與儒家學術生命結合在一起的呢？

首先，由先秦儒學典籍入手，筆者由史料以及學者的著作呈現而得知，它確實是以道德主體性爲中心，在此時的儒學中，人格神、形上天並沒有原

〔註44〕勞思光，《新編中國哲學史》，「而人格意義之『天』則表一主宰者，以意願性爲本；對此『天』縱有理序可說，亦必系于意願而說，換言之，對應于『天意』觀念。」頁82，同上。

〔註45〕勞思光，《新編中國哲學史》，「所謂『形上天』觀念，即指以『天』作爲一『形上學意義的實體』的觀念。這種『天』觀念，與宇宙論意義的『天』及人格化的『天』均有不同。」頁80，「形上之『天』只表一實體，只有理序或規律，而無意願性，故對應于『天道』觀念。」頁81，案：同勞思光先生所論，有學者論及到「形上天」概念應在孔子之前即有，如《詩經》就有單純形上概念的天，但是在當時的普遍現象仍是以天爲人格天，形上天概念成爲理論則應是屬於孔子之後人文精神漸透顯，這種近似「迷信」的概念則漸被別除，就如同科學愈發達，人們對於自身、宇宙等等的迷思則逐漸釐清，但對於仍無法以科學解釋的現象則存疑，單純的視其爲一理序而已。

始的重要性。但是由於習慣殘留，孔子和其他的儒者偶爾仍然會提到「天」一詞，其中尤以孟子最常說「天」，若不能釐清孟子所說的「天」意義為何，就無法將儒家精神表達出來。換言之，以道德主體為指標的先秦儒學中「人格天」、「形上天」的觀念必不是理論重心所在。

但是，令人產生疑惑的是——為何在儒學史中，「形上天」觀念可形成理論，並成為儒學的一部份呢？若略加推究「形上天」觀念形成理論應開始於秦漢之際，而到了兩漢天人災異、陰陽五行再加上讖緯之學的雜糅，可為此「形上天」觀念發展的全盛時期。「形上天」理論的發展直接影響受到衝擊的應屬宋代儒學發展，在一聲聲宣示道統的時代風潮下，當時儒學學者所應從事的工作就在於回歸道統、回歸到孔孟時的儒學風貌；然而，回溯原始狀態並非如想像中的容易，此時的儒者於學術之內不但面臨著經典詮釋上的困境，對外更迎著佛道之學的衝擊，如何在內外之間取得平衡，架構起完整的學術理論就成了這時期儒者的重點。

二、王船山對於「天命之謂性」中天人之際的認知

（一）宋明理學者論「天」

戴景賢先生云：「宋代之理學家，主要之問題，乃在如何依據於孔孟之人生論，推擴之以及於外物，而建立一套完整之宇宙觀。故宋代理學最重要之一點，在於提出一『本體』之觀念，作為『貫通天人』之基礎」，〔註46〕因此，宋明學者由「天」入手，針對其所拓展、衍生概念的做為尋求「本體」方向，凡太極、天理、天道、天命等都是他們關注與詮釋的焦點。以下將略為釐清宋明儒論天中所涉及的幾個範疇概念，再進而觀船山如何承襲與獨創。首先在宋明儒中有張載的以「天即是太虛」之說：

> 由太虛，有天之名；由氣化，有導之名；合虛與氣，有性之名；合性與知覺，有心之名。〔註47〕

> 太虛不能無氣，氣不能不聚而為萬物，萬物不能不散而為太虛。循是出入，是皆不得已而然也。〔註48〕

張載以「太虛」及「與氣」、「清濁」及「無形」等概念來說明「天」，其為總

〔註46〕戴景賢，《王船山之道器論》，頁193，同上。
〔註47〕王船山，《張子正蒙注》太和篇，頁15，同上。
〔註48〕王船山，《張子正蒙注》太和篇，頁5，同上。

體，性質上屬於無限的。其次，有程顥以理言天，他說：「天者，理也。」，爾後的朱子更承師說，故有著以下詮解內容，云：

> 判罪惡，固不可；說道全無主之者，又不可。這裏要人見得。（僩。
> 又僩問經傳中「天」字。曰：「要人自看得分曉，也有說蒼蒼者，也
> 有說主宰者，也有單訓理時。」）〔註49〕

在朱子的理解中天有著幾項特質：一，天就是指具運轉周流不已、單單純純的那箇。二，但是，我們可以將天說是主宰者，亦可訓解爲「理」。無論是主宰者的天、或是天理，它們都是指理論架構中最高的概念。三，此外，朱子亦言宇宙天地乃是陰陽二氣運行轉化而成，而氣又可區分爲清、濁，其中「氣之清者便爲天，爲日月，爲星辰，只在外，常周環運轉」，〔註50〕故氣之清者就是天。四，《朱子語錄》載：「天地統是一箇大陰陽。一年又有一年之陰陽，一月又有一月之陰陽，一日一時皆然」，〔註51〕天地就是「一個大陰陽」，又云：「陰陽是氣，五行是質。有這質，所以做得物事出來」，〔註52〕「五行相爲陰陽，又各自爲陰陽」，〔註53〕大陰陽中凡爲物者又各自有陰陽，依此天亦自含陰陽。綜合上述幾點，可以窺知朱子所言「天」的概念時，他不只沿著程子「天即理」，亦含涉了張戴「天即太虛即氣之運行」，在結合了二者的概念理路下，故朱子有著：天即是天，天即是理，天即是氣之清者並含陰陽等，對於天的認知。朱子所言天爲宋明儒者論天、天理的基本模式。

（二）王船山論天及天理

船山對於天的基本概念，誠如戴景賢先生云：「然船山生之之周易外傳，後之之讀四書大全說，對朱子之論道器太極，雖有極大之爭論，對於宇宙基本乃由一相同之氣所構成，而陰陽不過爲同一氣之兩種形態一點，則仍遵循未變。直至其寫周易內傳，乃對宋以來此一基本觀點整體推翻」，〔註54〕在《讀

〔註49〕《朱子語類》〈理氣上·太極天地上〉，頁5，同上。
〔註50〕《朱子語類》〈理氣上·太極天地上〉，頁5，同上。
〔註51〕《朱子語類》〈理氣上·太極天地上〉，頁9，同上。
〔註52〕《朱子語類》〈理氣上·太極天地上〉，頁9，同上。
〔註53〕《朱子語類》〈理氣上·太極天地上〉，頁9，同上。
〔註54〕戴景賢先生，《王船山之道器論》，頁132，同上。案：在《讀四書大全說》中對於形而上下、天道、天命等等概念有著許多同於宋以來學者的觀點，但又推陳出新、同中略有小異，此亦可觀知船山之學在此書中透顯個人思維逐漸成熟的情狀。

中庸說》中船山指出了天的基本內容就是包涵「陰陽五行」，他說道：

> 拆著便叫作陰陽五行，有二殊，又有五位；合著便叫作天。猶合耳、
> 目、手、足、心思即是人。不成耳、目、手、足、心思之外，更有
> 用耳、目、手、足、心思者！則豈陰陽五行之外，別有用陰陽五行
> 者乎？〔註55〕

船山以人具有耳、目、手、足、心思故謂之人；至於天即是指含具了陰陽五
行，具二殊五位者方可稱爲天，於此可知天與人同爲一個具全面性與整體性
的概念。但是，在船山的認知中，天是不能虛空立個架子，其中必以理與氣
做爲它的內容。〔註56〕再進一步，船山針對於天的內容作用與形象作了如下

〔註55〕王船山，《讀中庸說》，頁459，同上。

〔註56〕王船山，《讀孟子說》，「張子云：『繇氣化，有道之名。』而朱子釋之曰：『一
陰一陽之謂道，氣之化也。』周易『陰』『陽』二字是說氣，著兩『一』字，
方是說化。故朱子曰：『一陰而又一陽，一陽而又一陰者，氣之化也。』繇氣
之化，則有道之名，然則其云『繇太虛，有天之名』者，即以氣之不倚於化
者言也。氣不倚於化，元只氣，故天即以氣言，道即以天之化言，固不得謂
離乎氣而有天也。……理雖無所不有，而當其爲此理，則固爲此理，有一定
之俔，不能推移而上下往來也。程子言『天，理也』，既以理言天，則是亦以
天爲理矣。以天爲理，而天固非離乎氣而得名者也，則理即氣之理，而後天
爲理之義始成。浸其不然，而舍氣言理，則不得以天爲理矣。何也？天者，
固積氣者也。乃以理言天，亦推理之本而言之，故曰『天者理之所自出』。凡
理皆天，固信然矣。而曰『天一理也』，則語猶有病。凡言理者，必有非理者
爲之對待，而後理之名以立。猶言道者必有非道者爲之對待，而後道之名以
定。是動而固有其正之謂也，既有當然而抑有所以然之謂也。是唯氣之已化，
爲剛爲柔，爲中爲正，爲仁爲義，則謂之理而別於非理。若夫天之爲天，雖
未嘗有俄頃之間、微塵之地、蜎子之物或息其化，而化之者天也，非天即化
也。化者，天之化也；而所化之實，則天也。天爲化之所自出，唯化之所自
出，唯化現理，而抑必有所以爲化者，非虛挾一理以居也。所以爲化者，剛
柔、健順、中正、仁義，賅而存焉，靜而未嘗動焉。賅存，則萬理統於一理，
一理含夫萬理，相統相含，而經緯錯綜之所以然者不顯；靜而未嘗動，則性
情功效未起，而必繇此、不可繇彼之當然者無跡。若是者，固不可以理名矣。
無有不正，不於動而見正；爲事物之所自立，而未著於當然；故可云『天者
理之自出』，而不可云『天一理也』。」頁1109～1113，案：於此船山指出了，
若以「天者理之自出」這樣的觀點是可以認同，至於以空空虛虛的天即理「天
一理也」，這樣的論點是有疑議，全因船山論「天」時，以爲天的內容應含涉
理與氣二者合言，此外，如同張立文於《朱熹思想研究》中指出：「朱熹通過
『理一分殊』方法，企圖使理一散或印到各具體事物之中。雖然他通過了氣
這個中間環節，……即使萬物全具那本體之理，而絲毫不欠缺，那又何來分
殊？再者，理一即可分殊，又豈能理一？這樣，就使『理一分殊』命題本身
深深地陷入了矛盾之中。王夫之抓住了理一與分殊的自相矛盾……從邏輯矛

的解釋：

> 「天以陰陽五行化生萬物」，以者用也，即用此陰陽五行之體也。猶言人以目視，以耳聽，以手持，以足行，以心思也。若夫以規矩成方員，以六律正五音，體不費而用別成也。天運而不息，只此是體，只此是用。北溪言「天固是上天之天，要即是理」，乃似不知有天在。又云「藉陰陽五行之氣」，藉者借也，則天外有陰陽五行而借用之矣。人卻於仁、義、禮、智之外，別有人心；天則於元、亨、利、貞之外，別無天體。通考乃云「非形體之天」，尤為可笑。天豈是有形底？不見道「在天成象，在地成形」！乃此所云「天」者，則又自象之所成為言，而兼乎形之所發。「大哉乾元，萬物資始」，「至哉坤元，萬物資生」，即此資始萬物者統之矣。有形未有形，有象未有象，統謂之天；則健順無體而非無體，五行有形而不窮於形也。只此求解人不易。〔註57〕

至於談到天的內容作用，誠如前章節所述，船山對於體用的概念為「繇體達用」，體用不可斷然區分為二。因此，論及天的體用時亦承襲如此概念，天以陰陽五行為體，並以陰陽五行為用，以化生萬物，此即是天運不息的原故，就如同人有目、耳、手、足、心思，並能以目視、以耳聽等，這即為人活動不已的道理。再論及天的形象上，船山批判通考中所指「非形體之天」一語，他認為「天豈是有形底？」又云「有形未有形，有象未有象，統謂之天」，天難以言其形象為何，其主要是在於天必須藉由它物呈現，就如同天理，理所以然之情狀必須藉由人應物等才能得知，這即是涉及後來船山在「道乃漸化而有善、性」概念發展上，主要思維脈絡方向成因之一。此外，船山論天理時亦依循著朱子之說，天即是天，並以天理為最高的指導原則，如《讀大學說》中言：

> 君子於此，看得物之備於我，己之行於物者，無一不從天理流行盡」者，不復吝留而以自私於己；「乾道變化，各正性命」，天之「循物無違」者，不恣己意以生殺而變動無恆。則君子之「首出庶物，萬國咸寧」者，道以此而大，矩以此而立，絜以此而均，眾以此而得，

盾上批評了『理一分殊』說。」這即是船山在以天理為最高哲學指導原則中，漸透顯異於朱子之學的個人思維理路。

〔註57〕王船山，《讀中庸說》，頁459，同上。

命以此而永。故天理之存也，無有不存；而幾之決也，決於此退藏之密而已矣。〔註58〕

失物之矩，安所施絜，而失國失命，皆天理之必然矣。〔註59〕

船山認爲無論是天之「發己自盡」使物各正其位，或天之「循物無違」方使萬物依循自然變動，總之，君子應物之理就是依循著物它本然特質，或自然變化等而已，這些又無一不是從天理流行而來，故船山言「天理之存也，無有不存」。再論及天下國家存亡的道理，亦是如此，無論是由自身修養或是外及於國家天下的存亡，應以「天理」作爲最高指導原則。此外，於《讀中庸說》中船山更指出：

章句中言品節，亦與「禮者天理之節文」一意，但有所規避，不直說出耳。自其德之體用言之，曰中庸；自聖人立此以齊天下者，曰教。自備之於至德之人者，曰聖人之道；自凝之於修德之人者，曰君子之道。要其出於天而顯於日用者，曰禮而已矣。故禮生仁義之用，而君子不可以不知天，亦明夫此爲中庸之極至也。〔註60〕

船山於《讀中庸說》更明確指出，於實際世界所觀得的「禮節制度」，也都是「天理」在日常生活中具體呈現。聖人依天理立節儀制度，而君子依此節儀制度修養自身，即船山言「君子不可以不知天」。總而言之，可以得知船山以「天理」爲一切事理指標的概念是與朱子相近。

（三）王船山論天命

此外，另一個與天相關的議題即「天命」。在中國哲學中凡論及命的概念時解釋有二，其一爲命定義即指人的禍福夭壽、富貴貧賤等；另一則爲命令義，指天所命令於人、天所與我者的部份而論。這樣二種意義的傳統詮解上同時也造成了中國人對於命的態度有四種情況，勞思光曾指出：

其一以爲命不可違，故人應努力實現此命。譬如，以「命」歸於爲基礎，遂衍生以超越主宰者爲價值根源之說；其二是承認命不可違，但不承認超越之主宰，而只以此命歸於事實意義之必然，於是主張人了解事實之必然規律，而以爲人應順此規律以行動。此即各種類型之自然主義及機械論觀念。……就此立場說，只有客觀限制，而

并無自覺意志之領域；所謂「正當」，亦只是合乎客觀事實而已。此
可稱爲否定超越性與自覺主宰，而只承認自然之立中根上無可作
爲，故以人應了解此種命之領域，而自求超離；換言之，以離命爲
義。其四則是孔子之立場，此立場是先區分義與命，對自覺主宰與
客觀限制同時承認，各自劃定其領域；然後則就主宰性以立價值標
準與文化理念，只將一切客觀限制視爲質料條件。既不須崇拜一虛
立之超越之宰，亦不須以事實代價值，或以自然代自覺；而此一自
覺主宰亦不須求超離。於是，即在命中顯義，成爲此一精神方向之
主要特色。從超越之主宰者，是神權主義；從自然事實者，是物化
主義；持超離之論者表捨離精神。孔子則不奉神權，不落物化，不
求捨離，只以自覺主宰在自然事實上建立秩序，此所以爲「人文主
義」。〔註61〕

命定義、天所命令於人的天命概念，是承認超越的主宰者，因此人們只是如
此積極著就是活著，當超越性主宰與實際產生矛盾時則無所適從。其次，自
然有此命的無自覺地只是承受這樣的思維方式，往往是較容易偏向於宿命觀
念，人也因爲限制於凡事皆天早以所命、所定，因此在遭遇難以解決的人生
困境時，便有著不選擇積極面對自己生命的消極抵抗。宋明學者爲反駁釋道
之徒的天人架構，因此也必須立一最高的指導概念，即是天。當朱子論及「天
命」概念時遂有著以下態度：

語厚之：「昨晚說『造化爲性』，不是。造化已是形而下，所以造化
之理是形而上。」蜚卿問：「『純亦不已』，是理是氣？」曰：「君；
氣，如有能守職者，有不能守職者。」某問：「『天命之謂性』，只是
主理言。纔說命，則氣亦在其間矣。非氣，則何以爲人物？理何所
受？」曰：「極是，極是。子思且就總會處言，此處最好看。」（可
學）〔註62〕

天命之謂性，言天之所以命乎人者，是則人之所以爲性也。蓋天之
所以賦與萬物而不能自已者，命也；吾之得乎是命以生而莫非全體
者，性也。〔註63〕

〔註61〕　勞思光，《中國哲學史》，頁139～140，同上。
〔註62〕　《朱子語類》〈性理一〉〈人物之性氣質之性〉卷第四，頁62，同上。
〔註63〕　（宋）朱熹，《四書或問》，頁46，同上。

朱子言「天命，如君之命令」，以「命令」、「爲天之所以賦與萬物不能自已者」釋「命」字，而「天命」則爲天之所以命乎人，在此天是具有主動性與主宰性。此外，上述引文中朱子以「天命之謂性」，天爲主宰者、爲事理的原則與標準，因此，由它所授受的「性」便同爲「理」層次。但是，在「性即理」的理解上有著以下的問題：一、性既然爲理，爲原理、準則，那又如何解釋人性與物性之區別呢？二、此外，性既然由天所授依理而論應爲純善，那爲何人性之中又會有善惡之異呢？朱子指出了：「『天命謂性』之『命』，是純乎理言之。然天之所命，畢竟皆不離乎氣」，〔註64〕又云：「人之所以生，理與氣合而已。天理固浩浩不窮，然非是氣，則雖有是理而無所湊泊。故必二氣交感，凝結生聚，然後是理有所附⋯⋯惟人得其正，故是理通而無所塞；物得其偏，故是理塞而無所知。且如人，頭圓象天，足方象地，平正端直，以其受天地之正氣，所以識道理，有知識。物受天地之偏氣，所以禽獸橫生，草木頭生向下，尾反在上」，〔註65〕朱子以理氣並存的概念作爲解釋「人性」與「物性」，前者乃接受正氣，後者爲接受偏氣，於此，無論是人或物都只能處於被動的接受狀態，人性與物性的生都歸之於氣。其次，又以「天命之謂性」爲純乎理，以性爲理，因而面對人性中的惡則難以詮解時，又將此惡推至所受之氣稟。朱子雖企圖藉由層層的迴護加以確立其說，但仍難以釐清如心、性、理、道等概念差異上的困惑。若於此推究其論述困境，其中之一乃在於以天爲絕對的主宰與命令者，人爲絕對的被動、接受者之故。

　　船山的天人理論中，他也承認宇宙人事物具有理氣，也與朱子同樣以「命令」釋「命」字，許多對於天的概念是承襲著朱子的詮解而來。但是，因爲切入的角度與立場不同，他以積極面對現實世界活動，並努力企圖扭轉命定困境，肯定人成就自我的能力，遂而產生了著異於朱子的天命觀。故以下釐析船山在論及「天命」概念中異於朱子者。船山在《讀中庸說》中指出：

> 章句言「命猶令也」。小註朱子曰：「命如朝廷差除。」又曰「命猶
> 誥勅。」謂如朝廷固有此差除之典，遇其人則授之，而受職者領此
> 誥勅去，便自居其位而領其事。以此喻之，則天無心而人有成能，
> 審矣。董仲舒對策有云「天令之謂命」，朱子語本於此。以實求之，
> 董語尤精。令者，天自行其政令，如月令、軍令之謂，初不因命此

〔註64〕《朱子語類》，頁77，同上。
〔註65〕《朱子語類》，頁65，同上。

　　人此物而設，然而人受之以爲命矣。令只作去聲讀。若如北溪所云
　　「分付命令他」，則讀「令」如「零」，便大差謬。人之所性，皆天
　　使令之，人其如傀儡，而天其如提弧者乎？天只是陰陽五行，流盪
　　出內於兩間，何嘗屑屑然使令其如此哉？必遂人而使令之，則一人
　　而有一使令，是釋氏所謂分段生死也。天即此爲體，即此爲化。若
　　其命人但使令之，則命亦其機權之緒餘而已。如此立說，何以知天
　　人之際！〔註66〕

船山以「令」解「命」字。所謂的「天命」即是天自行其政令，天是具有主
動性、主宰性，但是於此只指它無心、自然而然、單單純純的天理流行部份。
然而，並非直指天對於人而言具有絕對的領導權，因爲接不接受此命令，或
則是否能不能成就人事上的等等，其主導權還是在人的身上，故船山言「天
無心而人有成能」，又言「初不因命此人此物而設，然而人受之以爲命矣」，
其因在此，船山是肯定人的能力與行動判斷。〔註67〕誠如之前所述，船山的
學術是在對於人本身探究與釐析下逐漸成就起來，雖然船山也言天、天理、
天命，實際探究則不難發現，他藉著這些概念做爲原則與基礎，但是當這些
概念實際反應在現實的人生社會當中，則會由不同方式呈現出來。就如同在
解「天命之謂性」時船山云：

　　無祗悔」，以日見天心、日凝天命，亦於此可察矣。若云唯有生之初
　　天一命人以爲性，有生以後唯食天之氣而無復命焉，則良心既放之
　　後，如家世所藏之寶已爲盜竊，苟不尋求，終不自獲；乃胡爲牿亡
　　之人非有困心衡慮反求故物之功，而但一夜之頃，物欲不接，即此

〔註66〕王船山，《讀中庸說》，頁454，同上。

〔註67〕王船山，《讀孟子說》中指出：「『樂天』『畏天』，皆謂之天，則皆理也。然亦
　　　　自有分別……大當字小，則是天理極至處，仁者所體之天也。以小事大，則有
　　　　非天理之極至處者矣，則智者所知之天。……無道之天下，小役大、弱役彊，
　　　　非弱小者有必役於彊大之理，……天不能違乎人，而存亡之理，遂因是以立。
　　　　則雖無必然之理，而其必然者即理也。天之所以待智者，此予保國之理，則安
　　　　於其理而福之，越位以思而禍之矣。……若仁者所樂之天，固以德與人相陟降，
　　　　而不以威者也。固不得謂言天、言理，而皆極其至也。」案：船山在《讀孟
　　　　子說》中亦有相同對天的概念。其所言仁者所體之天乃是智者所知之天，即是
　　　　《讀中庸說》中「聖人修道立教，賢者、君子依此修己」的概念。又其中亦揭
　　　　示著《讀中庸說》中另一個重要的概念，即是「天不能違乎人」，因爲，所謂
　　　　的道、理等是必須建立在人的基礎之上，人們所「樂」、「畏」之天乃是樂合於
　　　　聖賢知天、應天條理出的原則，畏之亦是。頁908～909，同上。

> 天氣之爲生理者，能以存夫仁義之心哉？故離理於氣而二之，則以
> 生歸氣而性歸理，因以謂生初有命，既生而命息，初生受性，既生
> 則但受氣而不復受性，其亦膠固而不達於天人之際矣。〔註68〕

天與人之間，存在著是理與氣的流行與不間斷，也因此天命不停息，而人日
日受命，其性便日生日成。天與人之間並非斷然爲二，絕對主動與被動的關
係。唯有人看得此天命流行不已的道理，懂得承受與轉化這種關係，在不斷
的自我努力之下達到天德、天理、天之所予我者的種種，於此，天人之際不
至於膠固不通。誠如戴景賢先生所指：

> 而船山則不然。其最大之問題，非在於如何貫天一於一，而反在如
> 何判別人與其他萬物之不同。亦即在於重新強調人在宇宙中之特殊
> 性與重要性。故其提倡孔孟之性道合一論，實著重於「人與萬物不
> 共命」之一點上。若由此一點論之，亦可謂船山較之宋代之理學諸
> 儒，於態度上更近於先秦儒家之思想。正因如此，故雖船山本人一
> 生於宇宙道器論極所潛，在知識之求取方面，船山始終抱持一極端
> 之「人道觀」。亦即一方面嚴格區分知識之範疇，一方面主張人之一
> 切知識，最後應統攝於人本身立場之「人文知識」。或說「人文智慧」。
> 此點亦與先秦儒之思想相近，而與宋儒之欲求人物之理相互一貫者
> 相遠。〔註69〕

船山的理論架構無不是以強調人在宇宙中之特殊性與重要性，因此，又如曾
昭旭先生所言：「天之天」的客觀存在及其內容，人是不可與知和掌握。但是，
人不可率而陷入虛妄之中，這也是爲何船山屢言天之天，肯定客觀之自然界
又態度上謹慎而保留的原因。〔註 70〕唯有人自己積極的道德創造，成就「人

〔註68〕 王船山，《讀孟子說》〈告子上〉，頁 1075～1077，同上。
〔註69〕 戴景賢，《王船山之道器論》，頁 193～192，同上。
〔註70〕 曾昭旭云：「蓋『天之天』之客觀存在，或宇宙之全體存在，其眞實內容，人
　　　　是不可與知，不可掌握，不可以之與道德生活結合者，總之是不可用者。人
　　　　充其量亦只能原則地以清虛一大概狀之而已。則對人而言，眞實存在的唯是
　　　　此經過人眞實的道德創造而擁有『人之天』。故對此客觀自然的天，人當知
　　　　本來無限，而不可躐等求知，反脫落了人生之實義而陷於虛妄也。故曰：『君
　　　　子之道，非天地自然之道，而有其實事。』實事者，即道德生活之所及也，
　　　　故曰：「其不切於吾身者，非徒萬物，即天地亦非聖人所有事，而不切於吾身
　　　　之天地，非徒孔孟，即堯舜亦無容越位而相求。」……凡此皆是就人之天而
　　　　言其眞實也。由是吾人乃可知船山雖屢言天之天，而肯定客觀存在之自然界，
　　　　然其態度則是謹慎而保留者。他決不由此而妄構出一純客觀之宇宙論，以天

之天」才是刻不容緩之計。以下略述船山如何在「天道」概念之下，建立起其思想核心的「人道」概念。

三、王船山對於「率性之謂道」中天人之道概念的認知開展

（一）王船山釋「天道」

宋明學者在探究天所衍生的議題中一個與「天理」容易混淆，並界定不清即是「天道」觀。《易大傳》中記：「形而上者謂之道，形而下者謂之器」此二語對於宋代哲學影響頗大。首先，張載的「以氣言道」，他說：「由氣化，有道之名。」其次，則有程顥的「以理言道」，《二程遺書》中記：「蓋上天之載，無聲無臭，其體則謂之易，其理則謂之道，其用則謂之神，其命于人則謂之性，率性之謂道，修道之謂教」，〔註71〕又言：「離了陰陽更無道，所以陰陽者是道也。陰陽，氣也。氣是形而下者，道是形而上者。形而上者則是密也」，〔註72〕程子在此將道與氣對立，以其一爲形而上，另一爲形而下。爾後，朱子言道時承程子之說，《朱子語類》云：

> 問：「『五十知天命』，《集注》云：『天命，即天道也，事物所以當然之故也。』如何是『所以當然之故』？」曰：「如孝親悌長，此當然之事。推其所以然處，因甚如此？學者未便會知此理。聖人學力到此，此理洞然。它人用力久，亦須會到。」〔註73〕

以「天道」、「天命」相通，均是指事物所以當然之故，爲事物之理，「以理言道」。然而，如此的詮釋似乎又與「天理」的概念相近，其二者間的差異到底爲何呢？第一，依二者的內涵而論：天理即是事物之理，最高的準則。天道除了是事物之理外，又內涵「一陰一陽」，〔註74〕爲道體之所爲。第二，依二者的表現而論，它們均爲形而上者。總之，以一理與形而上的概念，遂把二

之藏深密，天之化神妙……故人對此不可言其必然之天，只能『一付可知之化，不求知焉』。蓋『天之所不可知，人與知之，妄也；天之所可知，人與知之，非妄也。而人之可知者，亦唯待之現幾於人前，然後人秉其貞一之心體，當幾而應，當下點明而已。』《王船山哲學》，頁359，同上。

〔註71〕　（宋）程顥、程頤，《二程遺書》，頁55，上海古籍出版社，2000年12月。
〔註72〕　（宋）程顥、程頤，《二程遺書》，頁208，同上。
〔註73〕　《朱子語類》《論語·爲政》，頁553，同上。
〔註74〕　《朱子語類》《理氣上》卷第一〈太極天地上〉云：「有是理後生是氣，自『一陰一陽之謂道』推來。」頁2，同上。

個範疇概念統一起來了。因為，在朱子的理論中「理與氣」、「道與器」、「太極與陰陽」此三者是相近似的概念呈現。「道與器」二者的關係：「從物上看，道器不離；從根本上看，即道上看，則道是形而上，氣是形而下」，〔註75〕依此，論「天道」與「人道」之關係，朱子云：

> 問「五十知天命」。曰：「上蔡云：『理之所自來，性之所自出。』此語自是。子貢謂夫子性與天道，性便是自家底，天道便是上面一節。這箇物事，上面有箇腦子，下面便有許多物事，徹底如此。〈太極圖〉便是這箇物事。箕子為武王陳〈洪範〉，先言五行，次言五事。蓋在天則為五行，在人則為五事。知之者，須是知得箇模樣形體如何。〔註76〕

> 問：「天道、人道，初非以優劣言。自其渾然一本言之，則謂之天道；自其與物接者言之，則謂之人道耳。」曰：「然。此與『誠者天之道，誠之者人之道』，語意自不同。」〔註77〕

一，以「誠者」為「天道」，「誠之者」為「人道」。二，則謂「天道」乃是上面一節事。經由上述，窺知朱子以理言道，又以天道為上面之事，顯然地將天與人之間斷然的區分為二。此外，在層層的區隔之下，天與人之間又何才能達至貫通的目標呢？船山為解決如此的天人關係，與層層架構下造成疊床架屋的空洞。首先，以《中庸》書所載內容分析，藉以破朱子立天理、天道、太極等均為形而上最高指標的混亂，並進一步指出了《中庸》言「天道」是指在「人之天道」：

> 中庸一部書，大綱在用上說。即有言體者，亦用之體也。乃至言天，亦言天之用：即言天體，亦天用之體。大率聖賢言天，必不捨用，與後儒所謂「太虛」者不同。若未有用之體，則不可言「誠者天之道」矣。舍此化育流行之外，別問窅窅空空之太虛，雖未嘗有妄，而亦無所謂誠。佛、老二家，都向那畔去說，所以儘著鑽研，只是揑謊。……所以中庸劈頭言天，便言命。命者，令也。令猶政也。末尾言天，必言載。載者，事也。此在天之天道，亦未嘗遺乎人物而別有其體。……天道之以用言，只在「天」字上見，不在「道」

〔註75〕 張立文，《朱子思想研究》，頁168，中國社會科學出版社，1994年9月。

〔註76〕 《朱子語類》《論語·為政》，頁560，同上。

〔註77〕 《朱子語類》《論語·里仁》子曰參乎章，頁692，同上。

字上始顯。道者天之大用所流行，其必繇之路也。周子言誠，以爲
靜無而動有，朱子謂爲人道。其實天道之誠，亦必動而始有。無動
則亦無誠，而抑未可以道言矣。〔註78〕

船山指出了《中庸》爲聖人修道立教之書，內容均在論「用」。因此，談到「天」
亦是在釐定「天之用」。再言「道」，誠如引文中船山指出了：「道，天之大用
所流行，其必其必繇之路也」，道乃是天之大用的方法與途徑，故船山述「天
之天道」云：「未嘗遺乎人物而別有其體」，可知將天與人物之間的扞格處以
「天道」做爲聯繫。然而，嚴分天與人關係的宋明學者，面對難以抒解的「天
理」、「天道」及「人道」聯結時，遂有著「天道之本然」與「在人之天道」
的區分「天道」的手法，船山針對於此言：

北溪分「天道之本然」與「在人之天道」，極爲精細。其以孩提之知
愛、稍長之知敬爲在人之天道，尤切。知此，則知「誠者天之道」，
盡人而皆有之。故曰「造端乎夫婦」，以夫婦之亦具天道也。只此不
思不勉，是夫婦與聖人合撰處，豈非天哉？北溪雖是恁樣分別疏明，
然學者仍不可將在人之天道與天道之本然，判爲二物。如兩閒固有
之火，與傳之於薪之火，原無異火。特麗之於器者，氣聚而加著耳。
乃此所云「誠者天之道」，未嘗不原本於天道之本然，而以其聚而加
著者言之，則在人之天道也。天道之本然是命，在人之天道是性。
性者命也，命不僅性也。若夫所謂「誠之者人之道」，則以才而言。
才者性之才也，性不僅才也。惟有才，故可學。「擇善而固執之」，
學也。其以擇善而善可得而擇，固執而善可得而執者，才也。有是
性固有是才，有是才則可以有是學，人之非無路以合天也。有是才
必有是學，而後能盡其才，人之所當率循是路以合乎天也。〔註79〕

北溪將「天道」分別爲「天道之本然」與「在人之天道」，船山認爲其分析細
密，但還是難以釐清二者的差異性。「天道之本然」是命，誠者，不僅含性也；
「在人之天道」，是性亦是命也，誠之者，含有才也唯有如此方可學，而達至
於合天的境地。據此，天道之本然與在人之天道似乎難以斷然區分爲二，其
二者是有相連性，故船山認爲天之爲體，其用行之於人。然而，虛虛空空的
天又如何知其所以呢？必定要經由人物的呈現方可窺見，因此，「天道」必以

〔註78〕王船山，《讀中庸說》，頁529～530，同上。
〔註79〕王船山，《讀中庸說》，頁530～531，同上。

人物爲其體，而達至人物之用。這也是爲何船山在《讀大學說》中凡論「最高標準與原則」時均言「天理」而不言「天道」，談論到「道」的概念時也多落於實際人物世界，如：君子之道、小人之道等。此外，《讀中庸說》書中更屢言「在人之天道」。經由上述，可知船山對於「道」的概念是方法、道路、遵行法則而言，據此得船山天人關係概念則：「天——道——在人之天道——人」。除了上述釐清「道」的範疇外，船山又如何解決朱子以「道爲形而上者」概念呢？

　　其次，船山便藉由分析「形而上下」的顯隱，以破除「道爲形而上者」概念。《讀中庸說》中指出：

> 道之隱者，非無在也，如何遙空索去？形而上者隱也，形而下者顯也。纔說箇形而上，早已有一「形」字爲可按之跡、可指求之主名，就者上面窮將去，雖深求而亦無不可。唯一概丟抹下者形，籠統向那沒邊際處去搜索，如釋氏之七處徵心，全不依物理推測將去，方是索隱。……君子之道，則自於己性上存養者仁義禮知之德，己情中省察者喜怒哀樂之則。天之顯道，人之恆性，以達鬼神後聖之知能，皆求之於顯以知其隱，則隱者自顯。亦非舍隱不知，而特不索耳。索隱則行必怪。原其索而弋獲者非隱之眞，則據之爲行，固已趨入於僻異矣。若夫鄒衍之流，則所索已怪，迨其所行，全無執據，更依附正道以自解免，將有爲怪而不得者。故愚定以此爲異端佛老之類，而非鄒衍之流也。〔註80〕

經由「顯隱」概念說明，觀察「形而上的天道」內容。船山指出了：「凡言隱者，必實有之而特未發見耳」，再與宋儒「形而上者隱，形而下者顯」的說法合而觀之，船山認爲「形而上者天道」呈現「隱」的狀態，其中「隱」是「實有而未發見」而已。此外，「纔說箇形而上，早已有一『形』字爲可按之跡、可指求之主名，就者上面窮將去，雖深求而亦無不可」，雖難以窺知天道的全貌，但是言其「形而上」必有形可依尋。宋明儒將不可測知的天，劃分爲形而上者；至於人的實際世界稱爲形而下。船山卻以「纔說箇形而上，早已有一『形』」，如此另類的詮釋手法未必能合於宋明學者的普遍認知，但是，不得不承認，以「形而上下」均具「形」、有跡可尋，無不化解著天人斷然二分的困境，並且不須如釋道之徒遙遙空索一個天。

<hr>

〔註80〕王船山，《讀中庸說》，頁491，同上。

最後，以「天道之所以立人」言「道不遠人」。船山指出：

> 聖人斬截説箇「仁者人也」，者「人」字内便有徹始徹終，屈伸往來
> 之理。如何把鬼隔開作對墨得？必不獲已，則或可以「物」字對。
> 然孟子以「萬物皆備」爲仁，中庸亦云「盡人之性則能盡物之性」，
> 者「人」字也撇「物」字不下。特可就不仁者之心行而斥之，曰不
> 仁者禽也，爲稍近理。要此「仁」字，不與不仁相對，直不消爲樹
> 此一層藩籬。「仁者」屬人道而言，「人也」屬天道而言。蓋君子之
> 用以脩道之仁，即天道之所以立人者也。則知「親親爲大」，是推入
> 一層語，非放出一層語。親親是天性之仁見端極大處，故章句云「自
> 然便有惻怛慈愛之意」。此處不是初有事於仁者之能親切，故曰「深
> 體味之可見」，是朱子感動學者令自知人道處。雙峰之孟浪，其不足
> 以語此，又何責爲！〔註81〕

船山揭示了「人」字具有「徹始徹終，屈伸往來之理」，並以《孟子》所言「萬
物皆備」及《中庸》所指「盡人之性則能盡物之性」，說明了人之爲理，它是
不能撇下物而論。人與物有其部份相通處，例如：同樣都有求生存、餓則食、
累則眠等欲望，但是，這並非指示著船山認爲「人、物不分」。（下章船山言
「格物」中將會針對人物之別，作更爲詳盡説明。）於此談到的「不能撇下
物而論」，就誠如船山於《讀孟子説》釋「嗜殺人與人欲」〔註82〕的人心時曾
云，「非所惡亦殺之」是不仁者之心行。若他以好戰樂殺逞快其動物凶性，我
們則稱這種不仁之人的欲望爲虎狼、蛇蝎之欲，這樣的人「不可以人理論」，
他獸心用事只可謂之禽。綜合上述，知「不能撇下物」一概念，重點是在「不
仁者之心行而斥之，曰不仁者禽也」上論。故，船山進一步指出「仁者人道，
人也天道」，「蓋君子之用以修道之仁，即天道之所以立人者也」，《中庸》一
書内容即是在聖人立教，使君子修道之仁有方向，而能自知人道，「道不遠人」
即能體會「在人之天道」。

就如同船山言「禮」時，他認爲：就現實世界而言，禮爲人活動時的節

〔註81〕王船山，《讀中庸説》，頁516，同上。
〔註82〕王船山，《讀孟子説》，「嗜殺人，自在人欲之外。蓋謂之曰『人欲』，則猶爲
　　　　人之所欲也，如口嗜芻豢，自異於鳥獸之嗜薦草。『愛之欲其生，惡之欲其死』，
　　　　猶人欲也：若興兵攜怨之君，非所惡而亦欲殺之，直是虎狼之欲、蛇蝎之欲。
　　　　此唯亂世多有之，好戰樂殺以快其凶性，乃天地不祥之氣，不可以人理論。
　　　　此種人便聲色貨利上不深，也是獸心用事。」頁898，同上。

度、表現，因爲有禮方生仁義之用。然而，若再推究禮的成因，它乃是「天顯日用者」。〔註83〕依此，君子知禮必先由知天入手，在天人之際一動一靜之間見得「天之所與我者，我固有之」的「天命」，再以此體道、配天做爲復道、立教的根本，如此便可見得天心，即天所顯於日用之禮的內涵。〔註84〕故在船山釐定「率性之謂道」中「道」所指涉之內涵後，再觀其如何釋性、循性、天所與我者的部份。

（二）循性之謂道

天人分際之下，船山論及命與性的概念時，有著：「在天爲命，在人爲性。盡性，固盡人道也。論語言『性與天道』，性、天之分審矣。」〔註85〕、「天道之本然是命，在人之天道是性。性者命也，命不僅性也」，〔註86〕指出了「在天爲命」、「在人爲性」。然而，「在人爲性」之性其特質爲何呢？此在上文已略有

〔註83〕 《讀孟子說》，「乃復禮之端，將於何而體認之？夫克復之道，《復》道也。《復》之「見天地之」，《復》之動而見天地之心也。動則見天地之心，則天理之節文隨動而現也。人性之有禮也，二殊五常之實也。二殊之爲五常，則陰變、陽合而生者也。故陽一也，合於陰之變而仁禮；陰一也，變以陽合而有義知。陽合於陰而有仁禮，則禮雖爲純陽而寓於陰。是禮雖純爲天理之節文，而必寓於人欲之見：雖居靜而爲感通之則，然因乎變合以章其用。唯然，故終不離人而別有天，終不離欲而別有理也。」頁911，同上。

〔註84〕 王船山，「要其出於天而顯於日用者，曰禮而已矣。故禮生仁義之用，而君子不可以不知天，亦明夫此爲中庸之極至也。章句「皆性之德而具於心」，是從「天命之謂性」說來；「無物不有，無時不然」，則亦就教而言之矣。「道也者」三句，與「莫見乎隱」兩句，皆從章首三句遞下到脈絡處，以言天人之際，一靜一動，莫不足以見天命，而體道以爲教本。「戒慎不睹，恐懼不聞」，泰道也。所謂「不遐遺，朋亡，得尚於中行」，所以配天德也。「慎其獨」，復道也。所謂「不遠復，無祗悔」，「有不善未嘗不知，知之未嘗復行」，所以見天心也。道教因於性命，君子之功不如是而不得也。」《讀中庸說》，頁461，此外，船山於《讀孟子說》中也指出了相同的概念，云：「乃復禮之端，將於何而體認之？天克復之道，復道也。復之『見天地之心』，復之動而見天地之心也。動則見天地之心，則天理之節文隨動而現也。人性之有禮也，二殊五常之實也。二殊之爲五常，則陰變、陽合而生者也。故陽一也，合於陰之變而有仁禮：陰一也，變以陽合而有義知。陽合於陰而有仁禮，則禮雖爲純陽而寓於陰。是禮雖純爲天理之節文，而必寓於人欲之見：雖居靜而爲感通之則，然因乎變合以章其用。唯然，故終不離人而別有天，終不離欲而別有理。」頁911，同上。案：無論是在《讀中庸說》或是《讀孟子說》中，船山認爲天理節文等等都還是必須立足於人之道上才能建立。

〔註85〕 王船山，《讀中庸說》，頁540～541，同上。

〔註86〕 王船山，《讀中庸說》，頁531，同上。

所述，船山認爲「性」由其內容上而論：性內含仁義禮知。〔註87〕其次，論及它的形態：乃是二氣五行、屬於天所予我者〔註88〕、「性日生日成」〔註89〕、「性爲天德」〔註90〕等。綜合船山對於「性」的認知，可以得知其乃置近於天理相同的地位，爲人生處事的最高指導原則，凡「循性之所有而皆道也」，這也是爲何《中庸》言「率性之謂道」之所由。故船山言：

> 「天命之謂性」三句，是從大原頭處說到當人身上來。「喜怒哀樂之未發」二句，是從人心一靜一動上說到本原去。唯繇「天命」、「率性」、「修道」以有教，則君子之體夫中庸也，不得但循教之跡，而必於一動一靜之交，體道之藏，而盡性以至命。唯喜怒哀樂之未發者即中，發而中節者即和，而天下之大本達道即此而在，則君子之存養省察以致夫中和也，不外此而成「天地位、萬物育」之功。……盡人之能，而固與性合撰，功必與效而不爽……則中庸之德，其所自來，爲人必盡之道；而中庸之道，其所徵著，爲天所不違之德。一篇之旨，盡於此矣。故知或問之略分兩支，密於章句一頭雙腳之解也。〔註91〕

《中庸》一書由「天命之謂性」、「率性之謂道」、「修道之謂教」乃是由「大原頭」處，天至人一脈相承而論述。依此，惟有人們能盡人之能與性、天德合，體中庸之德、努力於人應盡之道，否則，若只是「內顧，而己之願不願者，盡乎人之情矣。外顧，而人之宜盡與其不克盡者，盡乎物之理矣。不能觸處得理以擇而執之，則必以私意爲道，拂乎人而揉亂之矣。此「皆曰予知」

〔註87〕 王船山，《讀中庸説》，「仁義禮知，性也，有成體而莫之流行者也。誠，心也，無定體而行其性者也。心統性，故誠貫四德，而四德分一，不足以盡誠。性與生俱，而心緣性發。故誠必託乎仁義禮知以知其用，而仁義禮知靜處以待誠而行。」頁 552，同上。

〔註88〕 王船山，《讀中庸説》，「抑曰「心之官則思，思則得之」，「此天之所與我者」。心官能思，所以思而即得，得之則爲「故」矣。此固天之所與我者，而豈非性之成能乎？以德之成性者言之，則凡觸於事，興於物，開通於前言往行者，皆天理流行之實，以日生其性者也。」頁 564～565，同上。

〔註89〕 王船山，《讀大學説》，「愚於周易尚書傳義中，說生初有天命，向後日日皆有天命，天命之謂性，則亦日日成之爲性，其說似與先儒不合。今讀朱子「無時而不發現於日用之間」一語，幸先得我心之所然。」頁 405，同上。

〔註90〕 王船山，《讀中庸説》，「性爲天德，不識不知，而合於帝則。心爲思官，有發有徵，而見於人事。」頁 552，同上。

〔註91〕 王船山，《讀中庸説》，頁 466～468，同上。

而好自用之愚者是也」，〔註92〕以己意爲準則，未能眞正說服自己與他人。故在天（理、命）──率性──體中庸之道──修道──盡性──至天（德、命），無論是「觀乎人得治人之道」、「觀乎人之施己而得愛人之道」、「觀乎人得失而得治己之道」〔註93〕等，方可發揮人之所以爲人的最大自我成就，故依此船山遂言：「天命之性，固有之德也；而能成己焉，則是仁之體立也；能成物焉，則是知之用行也」。人才能具有天德，然而，人又如何能夠「知天所命之德」呢？船山云：「以性之德言之，人之有知有能也，皆人心固有之知能，得學而適遇之者也。若性無此知能，則應如夢，不相接續」，〔註94〕全在於人「有知有能」，因具有知能故能以「學」補其不足之處而達天德。據上所述，便可進一步探索船山如何在「知」「能」的概念下，分析那些人才是眞正具有成德之能，與那些人是本身不足又可藉由學而漸走向成德的可能。

（三）以知能區分人與道之關聯

　　船山依據知能的概念將人區分爲：行道（知）、明道（賢）、不知道（愚）與不能行道（不肖）此四者。戴景賢先生言：學者論天地宇宙之成萬化時，提出了「知」「能」與「知之者」「能之者」的概念，船山在此觀念中獨創新意，將「知」與「能」就效用上說，至於生效之實體則必須由「知之者」與「能之者」上探究。〔註95〕除了宇宙化生之外，船山論人亦從人本身的「知」「能」，加以探究人「能不能入德以知行天道」。首先，在《讀中庸說》中船

〔註92〕王船山，《讀中庸說》，頁497，同上。

〔註93〕王船山，《讀中庸說》，「「道不遠人」，與上章所引早麓詩詞原無二義。雲峰謂上章言性體之廣大，此言率性者之篤實，大是妄分支節。率，循也，言循其性之所有而皆道也。豈率性者之別有階梯，而不必遽如性之廣大乎？「以人治人」，觀乎人而得治人之道也。「不願勿施」，觀乎人之施己而得愛人之道也。「庸德庸言之慥慥」，觀乎人之得失而得治己之道也。盈天地之效於我者，人而已矣。一吾目之見鳶見魚而心知其飛躍，鳶魚之在天淵以其飛躍接吾之心目者也。而道不遠於此，則亦何篤實之非廣大哉？陳氏以老、莊當之，亦未爲得。」頁497，同上。

〔註94〕王船山，《讀中庸說》，頁564～565，同上。

〔註95〕戴景賢，「船山此言『乾』『坤』，以天地之『知』『能』言。天地之成萬化，有『知之者』，有『能之者』……此乃一切論宇宙體用問者所必提出之分別，……船山此則另創一說法，先將『知』『能』與『知之者』『能之者』分開。因『知』與『能』就其所效言，若見爲異，然就生效之實體言，則『知之者』與『能之知』止能『合』不能『分』。」頁139，同上。

山詮釋著「知」與「能」基本概念如下：

> 知者，知其然而未必其能然。乃能然者，必繇於知其然。故「知遠
> 之近，知風之自，知微之顯」，則可與省察、存養而入「無言」、「不
> 顯」之德矣。知見於徵者繇於此，則知民勸、民威而天下平之不在
> 賞罰之施，而（在）德之顯也。知著乎外者之本乎內，則知敬之著
> 於動、信之著於言者不在其動與言，而在不動不言之所存也。知有
> 諸內者之形諸外，則知潛雖伏而孔昭，內省無惡，而不可及之德成
> 也。〔註96〕

所謂「知」，乃就人是否「知道」而言。唯人有知，方能「知見於徵者」、「知
著乎外者本乎內」，在如此細察、省察、存養而達至「『無言』、『不顯』之德」。
其次，「能」乃是指能不能行其道，以及如何行其道而言，誠如船山以「舜為
能行道者」、「顏淵為能明道者」。船山即是依此概念：人是否「知其然」、「能
其然」下，加以劃分出「能否入德修道」的愚、不肖、知、賢等四種人，以
下略述其分類的步驟及其內容。

　　第一步驟，由知與不知，做為區別能否列為「修道入德」的人物。船山
由知概念，將人區分為：一，不知者，為不知道者，故謂之「愚」人；〔註97〕
二，知者。

　　第二步驟，由「知者」，再論及區分「修道入德」的人物。在知者上加入
了「能」的概念分析。於此，船山又將知者之人分別為二類：第一類，其非
不曉天下之事，而是拙鈍無能，此類人稱之為「不肖」人。〔註98〕第二類，「乃
能然者，必繇於知其然。」知、能兼有者。由上述二個步驟可以得知，船山
所謂的「知」「能」著重在於的「知其然」與「能其然」而言。

　　第三步驟，則是在知、能兼有下，針對其所「產生之效有異」，依此推究
其生效之實體，而加以劃分：一則為「能之者」，因其能行道，故謂之「知」
人；另一則為「知之者」，即其能明道，遂謂之「賢」人。以下以簡圖示之：

〔註96〕王船山，《讀中庸說》，頁 579～580，同上。
〔註97〕王船山，《讀中庸說》，「不知道之謂愚」頁 496，同上。
〔註98〕王船山，《讀中庸說》，「不能行道之謂不肖，非謂其不曉了天下之事而拙鈍無
　　　　能也。只此與聖人對看，儘他俗情上千令百俐，勤敏了當，也只是愚不肖。」
　　　　頁 496，同上。

王船山，由知能概念分析人與道關係構圖

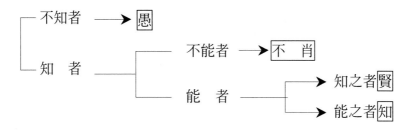

經由上圖所示。在知、能兼具之下的知者，又可區別爲二：一、由生行道之效實體而言，它是指「行此道以成化」，爲「能之者」，代表人物：舜，其「惟知人，故道行於民」又稱爲「智人」；由生明道之效實體而言，它是指「明此道以立教也」，爲「知之者」，代表人物：顏淵，其「服膺而弗失」，稱之爲「賢人」。〔註99〕除此之外，船山亦揭示著以「中庸體用」、「繇體達用」概念爲準則下，指出「明行相因」。此與其在宇宙的生化歷程概念中，所強調「知」「能」只能合的說法有相似處。在人的成德之路上，船山也注意到「知」「能」必須要合的觀念。他認爲，從中庸「不偏不倚」、「無過與不及」上而言，人唯有達到「知明道」、「能行道」並用之下才不會致於偏頗。〔註100〕最後，重要的是船山「肯定人成就自我能力」的部份，船山藉由「中庸」概念，揭示著像舜、顏回這樣的聖賢者，雖爲後人所景仰然，然而，他們還是各自擁有著本身的局限性，故船山言：「若愚不肖者，則其用功固必倍也」，〔註101〕便也依此肯定了人們只要努力便能夠修成君子之道。

經由上述，船山認爲：無論是「援天治人」、或「推人合天」都非人能夠

〔註99〕 王船山，《讀中庸說》，「行道者，行此道以成化也。明道者，明此道以立教也。舜惟知人，故道行於民。顏子惟服膺而弗失，故可與明道。」頁483，同上。

〔註100〕 王船山，《讀中庸說》，「若賢知之過，愚不肖之不及，則已失立教之本，而況能與天下明之而行於天下哉？與天下明之而行於天下，則教不衰；而民雖愚賤，亦不至鮮能之久矣。就中顯出明行相因，只舉一舜、顏便見。而舜之行道，顏子之明道，則不待更結言之也。或問前云『舜之知而不過』『回之賢而不過』，單反『過』一邊，後卻雙影『過』『不及』分說，此等處極不易看。當知說書者，須是如此開合盡理」頁483，同上。

〔註101〕 王船山，《讀中庸說》，「說箇賢知，自然是美名。舜之知，亦止與過者同其和；回之賢，亦止與過者同其賢。及至德之已成，則雖舜、顏，亦但無不及而已。抑論天資之難易，自然儘著賢知一流，而付以行道、明道之任。若愚不肖者，則其用功固必倍也。乃言賢知，則愚不肖之當企及亦見。於此活看，足知或問之密，而中庸之爲有歸宿矣。」頁483，同上。

成就自己的合宜方式。人惟有透過自己知中庸之德其由所來，並且能致力於人之道，且不違天之道，才是人成德的上上之策。〔註102〕

（四）王船山論「人道」

凡為人則必有其當行之道，道屬於人，而在人之中又可區分為許多不同種類的人，也因此，不同類之人必有其「所行之道」，然此未必合於「當行之道」、「中庸之道」，但又不可忽略它的存在。依此，船山在合於「當行之道」上區分有：聖人之道、君子之道。此外，針對於致力於「所行之道」的小人，亦有「小人之道」的說明。

「小人之道」雖非船山論述人道的重點，但是，在君子、小人之辨的揭示之下也顯露出船山所有的「素位」、「正名」等概念發展上的先導。至於論及行「小人之道」的小人有著何種特質呢？船山以容易產生混淆的「民和小人」加以說明：

> 或問第三章云：「承上章小人反中庸之意而泛論之。」喫緊在「泛論」二字。不可誤認朱子之意，以民之鮮能為反中庸。小人自小人，民自民。反則有以反之，鮮能只是鮮能。末章云「小人之道」，小人固自有道，與不興行之民漫無有道者不同。民無小人陷溺之深，則雖不興行，而尚不敢恣為反中庸之事。民亦無小人為不善之力，則既鮮能中庸，而亦不得成其反中庸之道。〔註103〕

由民與小人的分析中，約略可以得知：一、民不等於小人，二、民漫無有道，然而小人有小人之道，三、民為鮮能，小人為反中庸。但是，要「具備」什麼樣的特點我們才稱之為小人呢？船山指出：（1）閒居不為善、具邪心者：小人他「知道」，但是，他所知者是「在己之自知」、「小人之道」。凡是只要其念頭已成、事已起，他便會趁機而行，無論善惡對錯，即使在做的過程之中發現了自己是錯誤，他仍舊會原諒自己。全因在那時的他，是止於私心、邪心之故。〔註104〕（2）反中庸：誠前所述，小人是具有知亦為有能者。其最

〔註102〕王船山，《讀中庸說》，「要以援天治人為高舉之，以責功之不可略，推人合天為切言之，以彰理之勿或爽；則中庸之德，其所自來，為人必盡之道；而中庸之道，其所徵著，為天所不違之德。一篇之旨，盡於此矣。」頁468，同上。

〔註103〕王船山，《讀中庸說》，頁478，同上。

〔註104〕王船山，《讀中庸說》，「小人閒居為不善，須無所不至，君子方解見其肺肝。不然，亦不可逆而億之。唯夫在己之自知者，則當念之已成，事之已起，只

大的困境不在於「知」、「能」，而是在於他沒有一定的標準作爲行爲方針。因此，放縱自己的邪心作大，即使已知所做的事會對世事造成極大妨害、傷害，他依然如此。船山指出了此類人如：叔孫通、歐陽永叔、王介甫等，並有感而言「小人只陷於流俗功利而有權力者」。〔註105〕（3）不知而妄作、無忌憚：小人的「知」非「知道」，而是「知在己之自知」、「小人之道」，船山又謂此爲「妄作之道」。〔註106〕船山認爲，是可以以佛、老爲無忌憚之小人，其因在於「不識吾性之中而充之以爲用，故其教亦淺鄙動俗，而終不能奇」。〔註107〕綜合上述，船山給予小人評價爲「陷溺之深」，然而，就小人有「自知」與「能行其道」上論，小人是有小人之道。由此可知，船山論「道」從人入手，故在人之中若具「知」、「能」則有其道。以下敘述船山所著重的「聖人之道」及「君子之道」之內涵。

1. 聖人之道

船山指出，「『中庸』乃是聖人繼天理物，修之於上，治之於下，皇建有極，而錫民之極者言」，〔註108〕觀聖人修道賜予民之教，其「道」均爲事物本來所有。但是，人們在耳目口鼻小體上的局限，雖難有一定的視野見識來應

一頭趁著做去，直爾不覺；雖善惡之分明者未嘗即昧，而中閒千條萬緒，儘有可以自恕之，而不及初幾之明察者多矣。故曰「莫見乎隱，莫顯乎微」也。然必存養之君子而始知者，則以庸人後念明於前念，而君子則初幾捷於後幾。其分量之不同，實有然者。知此，則程子之言，蓋斷章立義，以警小人之邪心，而非聖學之大義，益明矣。」頁466，同上。

〔註105〕王船山，《讀中庸說》，「『小人反中庸』，只如叔孫通之綿蕝，歐陽永叔之濮議，王介甫之新法，直恁大不可而有害於世，故先儒以鄉原當之，極。若鮮能之民，則凡今之人而皆然。賢知之過，愚不肖之不及，則孔、孟之門多有之。要亦自其見地操履處，顯其過不及，而未嘗顯標一過不及者以爲道。且過不及，亦皆以行乎中庸之教，而初未反戾乎中庸。抑過則業亦有所能，而不及者亦非全乎其不能，與不興行之民自有別。至於『索隱行怪』，則又從天理上用力推測安排，有私意而無私欲，其厭惡小人而不用其道者，更不待說，蓋莊、列、陸、王之類是也。小人只是陷於流俗功利而有權力者」頁479，同上。

〔註106〕王船山，《讀中庸說》，「小人是不知而妄作者，如叔孫通之類。其亦有道，則所妄作之道也。既已妄作，故的然可觀，而後不可繼。若但其立心也，則何的然之可見？且本未嘗有，而又何亡哉？」頁578，同上。

〔註107〕王船山，《讀中庸說》，「朱子生佛、老方熾之後，充類而以佛、老爲無忌憚之小人，固無不可。乃佛、老之妄，亦唯不識吾性之中而充之以爲用，故其教亦淺鄙動俗，而終不能奇；則亦無事立平常之名，以樹吾道之壘也。」頁453，同上。

〔註108〕王船山，《讀中庸說》，頁449，同上。

對世間人事物的種種，故必須藉由聖人指導，方能找出適合人們修養的方法，以及用來應對事物的事理準則。〔註109〕此即爲《中庸》書中所指「聖人修道立教」。再論及「教」義，則不得不探究其產生的原由？船山指出：

> 然自此以後，凡言道皆是說教，聖人修道以立教，賢人繇教以入道也。生聖人之後，前聖已修之爲教矣，乃不謂之教而謂之道，則以教立則道即在教，而聖人之修明之者，一肖夫道而非有加也。故程子曰「世教衰，民不興行」，亦明夫行道者之一循夫教爾。不然，各率其性之所有而即爲道，是道之流行於天下者不息，而何以云「不明」「不行」哉？不行、不明者，教也。教即是中庸，即是君子之道，聖人之道。〔註110〕

「教」並非憑空可得，亦非聖人「感應」於天就會有所得。所謂的教，乃是聖人在前聖人已修之道上再加以修整而立的原則，謂之「教」。故前聖（道）——聖人（修道）——立教（道即在教）。聖人修道立教的內容則是在於「化育萬物」上有所得。船山云：

> 夫其不切於吾身者，非徒萬物，即天地亦非聖人之所有事。而不切於吾身之天地萬物。非徒孔、孟，即堯、舜亦無容越位而相求。帝堯之時，洪水未治，所謂天下之一亂也。其時草木暢茂，禽獸繁殖，

〔註109〕王船山，《讀中庸說》，「聖賢之所謂道，原麗乎事物而有，而事物之所接於耳目與耳目之得被於事物者，則有限矣。故或問以目不及見、耳不及聞爲言，而朱子又引尚書「不見是圖」以證之。夫事物之交於吾者，或有睹而不聞者矣，或有聞而不睹者矣，且非必有一刻焉爲睹聞兩不至之地，而又豈目之概無所睹，耳之概無所聞之謂哉？則知雲峰所云「特須臾之頃」者，其言甚謬。蓋有多歷年所而不睹不聞者矣。唯其如是，是以不可須臾離也。」頁462～463，又《讀孟子說》中指出「天下之理，本非吾心之所有而不可勝窮。即是非得失之不能解了者，姑且是與爲是，非與爲非，因應乎天下，聽物論之不齊而無庸其察。若求於心者，役心於學問思辨以有得，而與天下爭，則疑信相參，其疑愈積。不如聽其自得自失於天地之間，可以全吾心之虛白，而繇虛生白，白以無疑之可不動心也。」頁921，同上。案：由《讀中庸說》與《讀孟子說》二書所指，即可窺知在船山認知裡「天下之理」，包涵了：耳目可及、可得的事物狀態，以及不可及、不可得知的事物狀態，並非人類可以窮盡地，因此聖賢修道立教也限於人分上事爲主。即如《讀孟子說》中船山指出了：「聖賢只做得人分上事，人分上事便是己分上事也。《中庸》言『盡物之性』，也只下物之與人相干涉者，索與他知明處當，使其有可效於人者無不效，而其不可亂夫人者無或亂也。」頁977，同上。

〔註110〕王船山，《讀中庸說》，頁458，同上。

> 則爲草木禽獸者，非不各遂其育也，而聖人則以其育爲憂。是知不
> 切於身之萬物，育之未必爲利，不育未必爲害。達而在上，用於天
> 下。……若其爲吾身所有事之天地萬物，則其位也，非但修吾德而
> 聽其自位，聖人固必有以位之。其位之者，則吾致中之典禮也。非
> 但修吾德而期其自育，聖人固有以育之。其育之者，則吾致和之事
> 業也。祀帝於郊而百神享，在璿璣玉衡而四時正，一存中於敬以位
> 天也，而天以此位焉。奠名山大川而秩祀通，正溝洫田疇而經界定，
> 一用中於無過不及以位地也，而地以此位焉。〔註111〕

聖人所有之事即其所注意與重視，只針對於「其吾身所有事之天地萬物」，除
此之外的「天地」非聖人所有事。就如同聖人堯在位時，洪水氾濫卻未能治
理。洪水問題的確爲當時天下民姓的困擾與災難，但是，治理洪水並非聖人
堯能力所可以掌控。堯爲知者，知吾身所有事之道理。洪水卻非切身之天地
萬物，因此，怎麼樣的作法才是有利於當時代的情況呢？這實在非以修身成
就自己的堯所能解決。

　　總之，若只是論及切身之天地萬物，聖人則是可依一定的規矩、準則，
將人事物放置於其當行、可行的位置，進而敦化、致和它，這是聖人之所以
爲聖人的任務與職責。依此可得，聖人之道，其修道立教必爲切近人身之事
物。修道爲聖人之事，那麼其修道之準則又爲何呢？船山《讀中庸說》載：

> 脩道，聖人之事，而非君子之事，章句已言之明矣。既須脩道，則
> 有擇有執。君子者，擇聖人之所擇，執聖人之所執而已。〔註112〕

誠如上述，修道爲聖人之事。但是，並非空空泛泛只以己意爲圭臬。船山指
出，聖人修道必定要遵守著「擇」（善）、（固）「執」的原則。如堯、舜，以
「惟精」、「問察」是擇善，「惟一」、「用中」是固執；孔子「學而不厭」是擇
善，「默而識之」是固執。〔註113〕聖人在不斷的由自身的體驗中，在「擇善固
執」的原則下加以選擇適切於人們的修養及應對事物的原則。也因爲聖人們

〔註111〕王船山，《讀中庸說》，頁475，同上。

〔註112〕王船山，《讀中庸說》，頁534，同上。

〔註113〕王船山，《讀中庸說》，「且所謂聖人者，堯、舜、文王、孔子而巳矣。堯、舜
之『惟精』，擇善也；『惟一』，固執也；『問察』，擇善也；『用中』，固執也。
文王之『緝熙』，擇善也；『不回』，固執也。孔子之『學而不厭』，擇善也；『默
而識之』，固執也。特於所謂己百己千者，則從容可中，無事此耳。而弗能弗
措，己百己千，爲學、利、困、勉者之同功，非學知、利行之必不須爾。此
自體驗而知之，非可徒於文字求支派也。」頁533，同上。

的擇善固執下，必可得最佳的原則。依此窺知，在幾經聖人的汰選下，所謂的道即是適於人的天道，「在人的天道」。故論及聖人的內涵，船山認爲：「可以言誠者，而不可以言天道。」、「非謂聖人之不能如天道，亦以天道之不盡於聖人也。」聖人本身就是「誠」與「至德」，他所以存在的目的與價值在於能明事物之原則與條理，使人能接近於天道（在吾身之天地萬物的原則）。

故船山言：

> 人道有兩義，必備舉而後其可敏政之理著焉。道也，仁也，義也，禮也，此立人之道，人之所當脩者。猶地道之於樹，必爲莖、爲葉、爲華、爲實者也。仁也，知也，勇也，此成乎其人之道，而人得斯道以爲德者。猶地道之於樹，有所以生莖、生葉、生華、生實者也。道者，天與人所同也，天所與立而人必繇之者也。德者，己所有也，天授之人而人用以行也。然人所得者，亦成其爲條理，而各有其徑術，故達德而亦人道也。以德行道，而所以行之者必有一焉，則敏之之事也。故此一章，唯誠爲樞紐。「誠」爲仁義禮之樞，「誠之」爲知仁勇之樞，而後分言「誠者天之道」，「誠之者人之道」。須知天道者，在人之天道，要皆敏政之人道爾。〔註114〕

人道有二，一爲「立人之道」，即道、仁、義、禮，此爲人所當修，聖人之事；另一則指「成乎人之道」，即智、仁、勇，人得之以爲德，君子之事。又「道者，天與人所同也，天所與立而人必繇之者也。德者，己所有也，天授之人而人用以行也。然人所得者，亦成其爲條理，而各有其徑術，故達德而亦人道也。以德行道，而所以行之者必有一焉，則敏之之事也。」聖人所修之道必定有其條理與方法，故君子依循此條理方可達到一定的境地。

2. 君子之道

依上述可知聖人立教的原則。其次，船山論及「君子之道」時，乃以「自凝於修德之人者」〔註115〕稱之。「君子之學」乃是在欲「知吾性之所有」。〔註116〕因此，所謂的君子人，其所應當學習修養內涵，與最終目標是在於達「至道」、達「至德」。船山言：

〔註114〕王船山，《讀中庸說》，頁518～519，同上。
〔註115〕王船山，《讀中庸說》，頁461，同上。
〔註116〕王船王，《讀中庸說》，頁462，又云：「君子之道，則自於己性上存養者仁義禮知之德，己情中省察者喜怒哀樂之則。」頁491，同上。

且君子之所凝者,「至道」也,聖人之大道也,發育峻極、禮儀威儀
之道也。於以脩夫「至德」,而凝其育物極天之道,則靜而存之於不
言、不動、不賞、不怒之中,於私於欲,能不行焉,而非所措諸躬
行者也,固不可謂之行也。於以脩夫禮儀威儀之道,而凝之以待行
焉,則行之有時矣,生今不能反古也;行之有位矣,賤不能自專也。
唯其道之凝而品節之具在己也,居上而際乎有道,則以其所凝者行
之;居下而際乎無道,則不能行而固凝焉。説夏而學殷、周,夫子
固已凝之,而不信弗從,固未之行也。〔註117〕

君子所應當極盡的方向與目標,是在於「聖人所修之道」,使聖人所化育之萬
物、禮儀威儀能達到極致。船山言:「君子者,擇聖人之所擇,執聖人之所執
而已」,〔註118〕君子擇、執於聖人之擇、執上,並且能合於君子所處的時代。
此外,君子應採取的方法與手段,就是在不斷依道修養自身上,「效之於所當
知、所當能之事」,使德性能達至完善的境地。故,船山指出欲為君子者,其
所應該具有的內涵在於「誠之」、「致中和」、「中庸」,至於如何達到此「至道」、
「至德」的方法和手段,就在於「存養」與「省察」。他說:

唯繇「天命」、「率性」、「修道」以有教,則君子之體夫中庸也,不
得但循教之跡,而必於一動一靜之交,體道之藏,而盡性以至命。
唯喜怒哀樂之未發者即中,發而中節者即和,而天下之大本達道即
此而在,則君子之存養省察以致夫中和也,不外此而成「天地位、
萬物育」之功。是兩段文字,自相唱和,各有原委,固然其不可紊
矣。〔註119〕

君子能夠體中庸知「不偏不倚」、「無過與不及」之中體,並在存養與省察的
工夫上知聖人之化育,明白「中庸」之「繇體達用」的概念。藉此明瞭耳目、
物欲、人欲間的困窘,而更能夠自己謹慎、擇善固執,以誠行知、仁、勇,
真正達至中和。〔註120〕此即是人們所言「君子修之以位天地」。但是,修養了

〔註117〕王船山,《讀中庸說》,頁518~519,同上。
〔註118〕王船山,《讀中庸說》,頁534,同上。
〔註119〕王船山,《讀中庸說》,頁466,同上。
〔註120〕王船山,《讀中庸說》,「中者體也,庸者用也。未發之中,不偏不倚以為體,
而君子之存養,乃至聖人之敦化,皆用也。已發之中,無過不及以為體,而
君子之省察,乃至聖人之川流,皆用也。未發未有用,而君子則自有其不顯
篤恭之用。已發既成乎用,而天理則固有其察上察下之體。」頁451;又云:
「乃君子則以方動之際,耳目乘權,而物欲交引,則毫釐未克,而人欲滋長,

心性依循天德，就可達到眞正的王道嗎？並非如此。船山接著即揭示「天地亦有不能如君子所位之時」，〔註121〕依此提出了「素位有行」、「不願其外」的概念，船山認爲修得聖人之教、君子之道只是達到成爲聖人、君子的身份而已。他說：

> 若其爲吾身所有事之天地萬物，則其位也，非但修吾德而聽其自位，聖人固必有以位之。其位之者，則吾致中之典禮也。非但修吾德而期其自育，聖人固有以育之。其育之者，則吾致和之事業也。祀帝於郊而百神享，在璿璣玉衡而四時正，一存中於敬以位天也，而天以此位焉。奠名山大川而秩祀通，正溝洫田疇而經界定，一用中於無過不及以位地也，而地以此位焉。若夫於己無貪，於物無害，以無所乖戾之情，推及萬物，而俾農不奪、草不竊、胎不伐、夭不斬，以遂百穀之昌、禽魚之長者，尤必非取效於影響也。或問云「於此乎位，於此乎育」，亦言中和之德所加被於天地萬物者如是。又云「聖神之能事，學問之極功」，則不但如章句之言效驗。且章句推致其效，要歸於脩道之教，則亦以禮樂刑政之裁成天地、品節萬物者言之，固不以三辰河岳之瑞、麟鳳芝草之祥爲徵。是其爲功而非效亦明矣。……。致中和者，原不可以不中不和者相反勘。不中不和者，天地未嘗不位，萬物未嘗不育，特非其位焉育焉之能有功爾。「爾所不知，人其舍諸！」聖賢之言，原自平實，幾曾捏目生花，說戶牖閒有天地萬物在裡面也？〔註122〕

在這裡所指的「天地之位」乃是只單純就人吾身上而言。與實際的宇宙世間的花草、河岳等之祥瑞是沒有任何關聯性。故，此「位」的概念只在人身上言，船山遂針對「素位而行」與「不願其外」加以說明：

> 章句分「素位而行」與「不願其外」爲兩支，道雖相因，而義自有別。「素位而行」，事之盡乎道也；「不願其外」，心之遠乎非道也。觀上言「行」而不言「願」，可知矣。乃「不願乎其外」一支，又有兩層：「不陵」、「不援」者，據他人所居之位以爲外也；「不怨」、「不

以卒勝夫天理，乃或雖明知之，猶復爲之，故於此尤致其愼焉，然後不欺其素，而存養者乃以向於動而弗失也。」頁465，同上。

〔註121〕王船山，《讀中庸說》，頁492，同上。

〔註122〕王船山，《讀中庸說》，頁476～477，同上。

尤」者，據己所未得之位以爲外也。乃人之有所覬於未得者，必因他人之已然而生歆羨，故「不陵」、「不援」爲「無怨」之本；而所謂「正己」者，亦別於上文隨位盡道之實，但以心之無邪而即謂之正矣。「正己」如言立身，「行」則言乎行己，行與立固有分也。抑「不陵」、「不援」而統謂之「不求」，且於在上位者而亦云無怨尤，此疑乎說之不可通者。以在上位而願乎其外，必將以諸侯干天子，大夫干諸侯。若但陵其下，則非有求於下，勢可恣爲，不至於不得而懷怨。若在上位而願下，則又疑人情之所必無。〔註123〕

船山指出了「素位有行」、「不願其外」雖然其道爲一，但是，若依內涵上而論，二者還是有所區別。「素位而行」指「事盡乎其道」；「不願其外」指「心之遠乎非道」。其一，爲經由人所處的「位」，論其對應事物時所當行的道理；另一，則是指人自我定位上，針對於自身修養上當行的道理而言。此外，在談論到「不願其外」內在的修養上，船山認爲可別爲二：一、「不陵」、「不援」，據他人所居之位以爲外；二、「不怨」、「不尤」，據己所未得之位以爲外。將他人所得、及己之所未得的部份視之爲外，依此不斷的對自己有更爲極進的修養指標。

依此，船山指出：若在上位者放任其心之所願於外，那麼就會造成諸侯干涉天子，大夫干涉諸侯，因爲，上下只爲任心之所爲，如此一定會使所處的社會失去秩序，反之亦然。就「位」的概念上來說，君子就有君子當行之事，聖人則有聖人當行之事。同理可證，君主必有君主當行之事，臣子亦有臣子當行之事。聖人、君子是專指就個人德性修養上而論，至於談論到君主、臣子這是除了「切吾身天地萬物」之外的另一層次、項目，它所指涉範圍在於人倫、人際上實際應對事理的情況而言，屬於「王道」、「君臣」之道。

若論及「君子修身」與「成就王道」二者之間是否有必然的關聯性呢？船山認爲：修身而至身修者，是不與盡人倫、人事畫上等號，修身即修身，王道即王道。〔註124〕但是，若君主、臣子等在心的修養上未能達到一定「正」

〔註123〕王船山，《讀中庸說》，頁502，同上。

〔註124〕王船山，《讀中庸說》，「『脩身則道立』，雲峰以爲『道即天下之達道』。字義相肖，輒以類從，此說書之最陋者也。朱子引書『皇建其有極』以釋此，極爲典核。洪範說『皇極』，則是『無有作好，無有作惡，無偏無黨，無反無側』，其與『達道』豈有交涉？下云『齊明盛服，非禮不動』，止在君身之正直上做工夫，而以天下之無奇邪者爲效驗。然則章句所云『道成於己而可爲民表』，

的情況，則會使社會上下交亂。因此，「不在其位不謀其政」、「不任心之所願則行」等位、行的概念都是值得注意。〔註125〕

四、小　結

對「中庸」所揭示的體用概念，知凡言中者皆是體，「不偏不倚」是中體，「無過與不及」亦是中體。「天理」遵守「中庸」之緣體達用；在「人道」上人們亦遵從著「中庸」爲自我修養及應對事物上的原理、準則。因爲，守著「中庸」概念下將天與人聯絡起來。在船山的天人觀念中，並不如宋明以來的學者以天作爲惟一的主宰與命令者，他站在肯定人「成就自我能力」上，以「天命」雖爲天之所命令於人，但是，人還是有一定程度的主動性，即成人之道，如「性」，天命之於人者，凡只要人肯接受它，那麼「天天受命，性

正謂君之身脩，而可爲斯民不脩之身示之則也。脩身自有脩身之事，盡倫自有盡倫之事。理雖相因，而事自殊致。無有私好，而天下無偏黨反側之好；無有私惡，而天下無偏黨反側之惡：則所謂『上見意而表異，上見欲而姑息』，與夫『宮中好高髻，城中高一尺』之弊，可無慮矣。是道德一而風俗同也。若五達道之事，則『親親』爲盡父兄之倫，『敬大臣』、『體群臣』，『子庶民』爲盡君臣之倫，『尊賢』、『懷諸侯』爲盡朋友之倫。事各有施，效各有當。君於盡倫之外，自有建極之德；民於明倫之外，亦自有會極之歆。且如陳之奢而無節、魏之儉而已褊者，夫亦何損於父子、昆弟、夫婦、朋友之恩義？而其君爲失道之君，國爲無道之國，則唯君之好惡不裁於禮而無可遵之道也。雲峰既不知此，乃云『以下八者，皆道立之效』。其因蔽而陷，因陷而離，蓋不待辨而自明矣。」頁514，同上。

〔註125〕王船山，《讀中庸說》，「『脩身則道立』，雲峰以爲『道即天下之達道』。字義相肖，輒以類從，此說書之最陋者也。朱子引書『皇建其有極』以釋此，極爲典核。洪範說『皇極』，則是『無有作好，無有作惡，無偏無黨，無反無側』，其與『達道』豈有交涉？下云『齊明盛服，非禮不動』，止在君身之正直上做工夫，而以天下之無奇邪者爲效驗。然則章句所云『道成於己而可爲民表』，正謂君之身脩，而可爲斯民不脩之身示之則也。脩身自有脩身之事，盡倫自有盡倫之事。理雖相因，而事自殊致。無有私好，而天下無偏黨反側之好；無有私惡，而天下無偏黨反側之惡：則所謂『上見意而表異，上見欲而姑息』，與夫『宮中好高髻，城中高一尺』之弊，可無慮矣。是道德一而風俗同也。若五達道之事，則『親親』爲盡父子兄弟之倫，『敬大臣』、『體群臣』，『子庶民』爲盡君臣之倫，『尊賢』、『懷諸侯』爲盡朋友之倫。事各有施，效各有當。君於盡倫之外，自有建極之德；民於明倫之外，亦自有會極之歆。且如陳之奢而無節、魏之儉而已褊者，夫亦何損於父子、昆弟、夫婦、朋友之恩義？而其君爲失道之君，國爲無道之國，則唯君之好惡不裁於禮而無可遵之道也。雲峰既不知此，乃云『以下八者，皆道立之效』。其因蔽而陷，因陷而離，蓋不待辨而自明矣。」頁524，同上。

遂日生日成」。這即是爲何船山論「天道」時屢言「在人之天道」的原因。也因爲「道」是屬於人所有，故船山列出了小人之道、聖人之道與君子之道，並藉由知、能的概念揭示其間的人不相異之處爲何。此外，因爲肯定人有成就自己的能力，故而無論小人、知者、賢者等，凡能守君子之道，鼓勵人們藉由存養、省察以修養自身的工夫，而上達至聖人、與天合的境地。

第四章　王船山《讀大學說》中架構的知人概念

第一節　《大學》一書與王船山釐析之《大學》要旨

　　中國人有屬於中國人的哲學，中國的哲學就是在面對「人」的議題產生思辯脈絡下開展出來的。牟宗三先生在詮釋「何謂哲學？」時曾指出：凡是人性的活動，可用理智及觀念加以反省說明的，便是哲學。中國有數千年的文化史，當然有悠長的人性活動與創造，同時也會有理智與觀念上的反省說明，那裡可以說中國沒有哲學呢？ [註1] 是的，中國哲學注意的是在積極解決人生困惑和面對人生的獨特思維方式，上從文、武、周公、孔孟，下迄程、朱、陸、王、顧、黃、王等，無一不是以自我生命應驗理論——「哲學就是吾身」。也因此，當中國人論及「人的生命」時，有著異於西方人的詮釋。「生命」對於中國人而言有其積極性，與趨向眞、善、美的原動力，它並非是上帝所預定的，亦非有著因促進宇宙和諧而被設計的目的論意義。 [註2] 這全在於中國人將生命付託在自己的手上，肯定了「人定勝天」的積極能動性；相信「學習做人」才是生命裡一個永無止盡的課題。中國人認爲經由外在的日常生活中，不斷努力下，是有助於促進人們內在的明覺，以達到自我轉化；也唯有如此，才可算是眞正的學習。然而，言至於此，令人禁不住發出如此

〔註1〕　牟宗三先生，《中國哲學的特質》頁4，臺灣學生書局，1994年8月。
〔註2〕　杜維明先生，《儒家思想：以創造轉化爲自我認同》頁19，東大圖書，1997年11月。

的疑惑——學習做人應當由何處入手呢？

一、《大學》是「修己治人」提挈綱要之書

　　宋以前〈大學〉只是附屬於《禮記》中的一篇，直到宋代，朱熹承師說及當時代的儒學學術上實際需求，遂特將「大學」提出，並加入了「格物致知」補傳一文。至於此一傳文的補入，是否真正切合作者原意已難以考察。但是，觀中國歷來文字記載中，教導人們如何學習做人的種種著述裡，有著提綱挈領、可直接給予讀者「學習做人」方法與條理規則，《大學》一書是具深刻內涵的書籍。它是有別於《論語》語錄式，如禪宗中及隨機點化無系統說明，也有別於《孟子》長篇辯論體材。

　　《朱子語類》中記載，朱子的學生對於讀聖賢書有著感動與困惑，他回答說：科舉考試所讀的聖賢言論，明白說來就是教人如何為人而已。但是，人們囿於科舉，遂只能於字句中計較，未嘗真正實行它。尤其說穿了，所謂的「仁或不仁」，就是人在日用倫常之間，能時常提醒自己並加以反思，知道所以不安的，反思不安之所以，這就是聖賢給予的指示，亦是讀聖賢書最終目的。然而，令人深感困惑的是，「初學入門」應由何書著手才恰當呢？朱子回應此語提及：《論語》與《孟子》二書雖然有教人處事道理，但是，都是屬於隨事答問，實在難以在「如何做人」上一目了然。只有《大學》一書，它是曾子記述孔子說古人為學的方向，又有傳述清楚描述孔子教人為人的要旨。總之，《大學》一書可以說是形式與內容兼具。〔註3〕這即是朱熹推荐門人「學習做人」時，入門之書應以《大學》為先。此外，〈崇仁學案〉〔註4〕亦提到「近體《大學》，頗窺聖學之樞機，至易至簡，說者自生煩難。」同樣

〔註3〕　宋黎靖德編，王星賢點校，《朱子語類》第十三卷〈學七・力行〉：「或以不安科舉之業請教。曰：『道二：仁與不仁而已。』二者不能兩立。知其所不安，則反其所不安，以就吾安爾。聖賢千言萬語，只是教人做人而已。前日科舉之習，蓋未嘗不談孝弟忠信，但用之非爾。若舉而反之於身，見於日用，則安矣。」又問：「初學當讀何書？」曰：「《六經》《語》《孟》皆聖賢遺書，皆當讀，但初學且須知緩急。《大學》《語》《孟》最是聖賢為人切要處。然《語孟》卻是隨事答問，難見要領。唯《大學》是曾子述孔子說古人為學之大方，門人又傳述以明其旨，體統都具。玩味此書，知得古人為學所鄉，讀《語》《孟》便易入。後面工夫雖多，而大體已立矣。」頁243，中華書局出版，1999年6月北京第4次印刷。
〔註4〕　《明儒學案》〈崇仁學案〉三，頁60。

也說明了，《大學》一書的具條理性，由簡易入手，實爲學習爲人的入門典籍。直至明末清初王船山，也認同於前諸子們的說法，進一步指出：《大學》記載著是古大學教人爲人的方法論，因此節目次第井然，且條理一貫，理一分殊，分別細目全都指向一事即「達到至善」。

由是觀之，在朱子揭示四書之地位後，學者們也都認同可以《大學》一書做爲立其爲人的基本規模，以它做爲爲人的基本參考書。語至於此，吾人可謂《大學》一書實有助於人們學習做人，至於其中語爲不詳，或爲文章寫作方便排比、精省的文字，或以概念範疇界定的模糊性等等，而引發歷來學者幾多爭論問題，因其中繁雜非本文所能盡以論載，於此姑且不論。

二、王船山釐析《大學》要旨提要——明明德、新民、止於至善

讀書的目的爲何呢？船山曾於《讀通鑑論》中指出：「夫讀書將以何爲哉？辨其大義，以立修己治人之體也；察其微言，以善精義入神之用也。乃善讀者，有得於心而正之以書者，鮮矣。」〔註5〕讀書除了分辨古人要義及文字內涵外，最重要的還是在於建立自己修養和治人的基本概念，依此再近一步細察人、事、物並且將所知、所學發揮使用到極至，這就是讀聖賢書的目的。論及「修己治人」當然不可忽略的即是《大學》一書。王船山肯定的說道，《大學》一書條理井然，爲指示入德之門方法集，是具啓示作用。如：

> 大學一書，自始至終，其次第節目，統以理一分殊爲之經緯。故程子以此書與西銘並爲入德之門。朱子或有不察，則躐等而不待盈科之進，如此類者，亦所不免。〔註6〕

> 大學一篇，乃是指示古之大學教人之法，初終條理一貫之大旨，非夫子始爲是書建立科條，以責學者。〔註7〕

然而涉及有關於人的議題時，顧及的層面也廣了，因此應當如何掌握其要呢？船山指出：

> 「在」云者，言大學教人之目雖有八，其所學之事雖繁重廣大，而約其道則在三者也。〔註8〕

〔註5〕王船山，《讀通鑑論》，頁594，同上。
〔註6〕王船山，《讀大學說》，頁441，同上。
〔註7〕王船山，《讀大學說》，頁397，同上。
〔註8〕王船山，《讀大學說》，頁397，同上。

　　修己治人的事情雖然繁複困難，但是首先必須掌握它的「最終目的」，做爲方向、定心盤，即是「在明明德、在親民、在止於至善」。而船山是如何詮釋《大學》教人爲人的三則目的概念呢？

　　（一）首先，針對於「明明德」應先釐析，「明」、「德」、「明德」及「明明德」等四則概念，在船山的認知中它們所指範疇爲何。

1. 明

　　船山的認知中，「明」實包涵二義：一、作爲動詞用，有明瞭、明白之意。如下列的例子，即是指出了，明的主要目的在於「復性」，因此要從心、意、知上用功，明瞭、明白這爲第一個步驟，接著即可依此制定方向、方法。

　　　明是復性，須在心意知上做工夫。〔註9〕

其次，明亦可當作彰顯、發揚的意思。如：

　　　朱子「心屬火」之説，單舉一臟，與肝脾肺腎分治者，其亦泥矣。

　　　此處説心，則五臟五官，四肢百骸，一切「虛靈不昧」底都在裡面。

　　　「虛」者，本未有私欲之謂也。「靈」者，曲折洞達而咸善也。「不

　　　昧」有初終、表裡二義：初之所得，終不昧之；於表有得，裡亦不

　　　昧。只此三義，「明」字之旨已盡，切不可以光訓「明」。孟子曰：「日

　　　月有明，容光必照焉。」明自明，光自光。如鏡明而無光，火光而

　　　不明，内景外景之別也。「明德」只是體上明，到「致知」知字上，

　　　則漸繇體達用，有光義矣。〔註10〕

朱子在釋心時曾以「虛靈不昧」言。〔註11〕船山指出：「虛」，本未有私欲之謂；「靈」者，曲折洞達而咸善；「不昧」有初終、表裡二義：初之所得，終不昧之；於表有得，裡亦不昧，而合此三者就具有「明」、潔、亮之意，所以反觀「明德」、「德」均在其上又加一「明」字，可推知「明德」不等於「心」。

〔註 9〕王船山，《讀大學説》，頁 405，同上。

〔註 10〕王船山，《讀大學説》，頁 395，同上。

〔註 11〕《朱子語類》，「問：『靈處是心，抑是性？』曰：『靈處只是心，不是性。性只是理。』（淳）頁 85」；；「『虛靈自是心之本體，非我所能虛也。耳目之視聽，所以視聽者即其心也，豈有形象。然有耳目以視聽之，則猶有形象也。若心之虛靈，何嘗有物！（人傑）頁 87」；「問：「人當無事時，其中虛明不昧，此是氣自然動處，便是性。」曰：「虛明不昧，便是心；理具足於中，無少欠闕，便是性；感物而動，便是情。橫渠説得好，『由太虛有「天」之名，由氣化有「道」之名』，此是總説。『合虛與氣，有「性」之名；合性與知覺，有「心」之名』，是就人物上説。」（夔孫）」頁 95，同上。

依此，可知朱子混明德爲心是其理論上的破綻。那麼船山所謂的「明德」所指涉爲何呢？

2. 德

船山認爲「德」是專屬於人的，「德者，有得之謂，人得之以爲人也。」〔註12〕並且是人在實際的行動之後，有所感動、有所反思、有所收穫在自己的心中，才可以稱之爲「德者」。他說道：

> 德者，行焉而有得於心之謂也。則凡行而有得者，皆可謂之德矣。
> 故書曰「德二三，動罔不凶」；易曰「不恆其德」；詩曰「二三其德」。
> 審夫德者，未必其均爲善而無惡，乃至遷徙無恆，倖得以自據者，
> 亦謂之德，故不可以不愼也。〔註13〕

在上述中船山指出了「德」的另一個特性：即是未必均是善，它是沒有恆常性、一定性，全在於人行所自得，因此，不得不謹愼。就如同宰我問孔子「守三年之喪的禮」，人異於禽獸的原則之一：就在於人有禮節分度，這是人得之所以爲人，專屬於人的。守三年喪對於宰我而言是非善的，他認爲「君子三年不爲禮，禮必壞；三年不爲樂，樂必崩」，宰我站在實際的社會運作上考量，唯有一切生活正常才是不浪費社會成本的良善方針。孔子反問他「如果該守喪期間衣錦食稻，你能安心嗎？」宰我回答：「安。」因此，人心中所認爲的德在實行後能有得於心，那麼這就是那一個人的德。〔註14〕也因此船山在論及「君主爲政以德」的概念時強調了，「以德」並非是指他人所謂的德，而必須是君主有得於心的德，再施之於民才能達到上行下效的作用。〔註15〕然而，言至於此，不禁令人十分惶恐，人各有所自得，天下之人何其多，難道不會因此造成價值混亂的情況嗎？針對於此，船山也指出了：

> 故凡言德者，十九而皆善。十九而善，故既愼之餘，竟言「有德」，
> 而不必言「有懿德」。然以不善者之非無所得也，故君子之於德，息

〔註12〕王船山，《讀大學說》，頁395，同上。

〔註13〕王船山，《讀大學說》，頁439，同上。

〔註14〕《四書讀本》《論語》〈陽貨篇〉，「宰我問：『三年之喪，期已久矣。君子三年不爲禮，禮必壞；三年不爲樂，樂必崩。舊穀既沒，新穀既升，鑽燧改火，期可已矣。』子曰：『食夫稻，衣夫錦，于女安乎？』曰：『安。』『女安則爲之！夫君子之居喪，食旨不甘，聞樂不樂，居處不安，故不爲也。今女安，則爲之！』宰我出。子曰：『予之不仁也！子生三年，然後免於父母之懷。夫三年之喪，天下之通喪也。予也有三年之愛于其父母乎？』」頁273，同上。

〔註15〕王船山，《讀論語說》爲政篇，頁596，同上。

慎之也。〔註16〕

德，它十至八九都是屬於善，唯有一、二是非善的狀態。故船山指出，君子在此要小心謹慎，同時也呼應了其前所言「明是復性，須在心意知上做工夫」，德的一、二非善，君子除了謹慎外更要努力在心意知上做工夫。故此，船山指出了「明德」的概念。

3. 明　德

　　德，即人所得於天，它虛靈不昧故繫之明義。但是，它並非是性。性是指「二氣五行凝結以生底事物……結得清爽，終留不失，使人別於物之蒙昧者也。」〔註17〕、「性不可拘蔽……」〔註18〕、「天人授之總名」……，所以「明德」、「性」，甚至是「心」此三者是不同的，但朱子卻混而爲一。「明德」之義有二：一、指明、潔的德，它所得於天，是純乎善。另一則是指，達到專屬於人的善德。

> 是以所得於天而虛靈不昧者，必繫之以明，而從其純乎善焉。但夫
> 人之遷徙無恆，傎得以自據者，雖非無得於心，而反諸心之同然者，
> 則所得者其浮動貪取之情，而所喪者多。故凡言德者，十九而皆善。
> 十九而善，故既慎之餘，竟言「有德」，而不必言「有懿德」。然以
> 不善者之非無所得也，故君子之於德，息慎之也。〔註19〕

但是，因爲人是有所變化的、不定的。故是人得之專屬於人的明德，可能會有非善的狀態。船山遂要君子能小心謹慎於這一、二的非善。除此之外是否有什麼樣的工夫可以使人防患未然呢？

> 繇有此明德，故知有其可致而致之，意有其不可欺而必誠焉，心有
> 所取正以爲正，而其所著，發於四肢，見於事業者，則身修以應家
> 國天下矣。明德唯人有之，則已專屬之人。屬之人，則不可復名爲
> 性。〔註20〕

他指出了：「知其有可致而知之」──致知；「意有其不可欺而必誠」──誠意；「心有所取正以爲正」──正心，此三者就是君子人修己的必要工夫。依此，筆者可推論，船山的思維理路對「明明德」的概念實含有歷程義：明（明

〔註16〕王船山，《讀大學說》，頁440，同上。
〔註17〕王船山，《讀大學說》，頁395，同上。
〔註18〕王船山，《讀大學說》，頁395，同上。
〔註19〕王船山，《讀大學說》，頁395，同上。
〔註20〕王船山，《讀大學說》，頁395，同上。

瞭、明白）──明德（明、潔的德性）──德（人有得於心）──明（彰顯、發揚）─明德（達到專屬於人的德）。〔註21〕

（二）其次，談到「親民」。王陽明將「親民」的「親」字解作「親」。他認爲：1. 如果「治國平天下」都處在於「新」，則無發明、沒有進展。2. 順著文章內容條理而下，即如孔子所言君子「修己以安百姓」，「修己」便是「賢其賢」、「明明德」，「安百姓」便是「親而親」、「親民」。因此，「親民」便是兼教養意思在，說「新民」便覺偏離。〔註22〕至於朱子認爲「親民」當作「新民」，他則指出：1. 唯有讓人人除去舊染之污，保持日新又新的狀態，那麼才眞正一步步的達到治天下結果。當然，於此首要努力者即是學者從獨善其身到兼善天下。2. 以「親民」作「新民」是有考據，並非平白只是依著文意而加以推測得知。〔註23〕船山於此亦承朱子的說法，他以「親民」應作「新民」

〔註21〕王船山，《讀孟子說》，「心者，身之所自脩，而未介於動，尚無其意者也。唯學者向明德上做工夫，而後此心之體立，而此心之用現。」又「孟子云『存其心』，又云『求其放心』，則亦『道性善』之旨。其既言性而又言心，或言心而不言性，則以性繼善而無爲，天之德，心含性而效動人之德。」頁893，同上。

〔註22〕王陽明，《傳習錄》上云：「愛問：『「在親民」朱子謂當作「新民」，後章「作新民」之文似亦有據。先生以爲宜從舊本作「親民」，亦有所據否？』先生曰：『「作新民」之「新」是「自新之民」，與「在新民」之「新」不同，此豈足爲據！「作字」卻與「親」字相對，然非「新」字義。下麵「治國平天下」處皆於「新」字無發明。如雲「君子賢其賢而親其親，小人樂其樂而利其利」，「如保赤子」，「民之所好好之，民之所惡惡之，此之謂民之父母」之類，皆是「親」字意。「親民」猶孟子「親親仁民」之謂，「親之」即「仁之」也。「百姓不親」，舜使契爲司徒，「敬敷五教」，所以親之也。堯典「克明峻德」便是「明明德」，「以親九族」至「平章」「協和」便是「親民」，便是「明明德於天下」。又如孔子言「修己以安百姓」，「修己」便是「明明德」，「安百姓」便是「親民」。說「親民」便是兼教養意，說「新民」便覺偏了。』頁3～4，臺灣商務印書館，1994年1月。

〔註23〕《四書讀本》《大學》，「新者，革其舊之謂也。言既自明其明德，又當推以及人，使之亦有以去其舊染之汙也。」蔣伯潛云：「朱子說，『親當爲新』，是根據程頤的話；因爲下文所引湯之盤銘康誥詩經的句子，都以『新』字爲主。尚書金縢篇，成王說：『惟朕小子其新逆』。成王這句話是說要親自迎接周公。『親逆』寫作『新逆』，正和『新民』寫作『親民』一樣。這是程朱讀『親』爲『新』的一個有力的旁證。新是去其舊染之汙，『日日新，又日新』地振作起來。由『明明德』而『新民』，便是論語孔子所說的『己欲立而立人，己欲達而達人』」頁2，同上。此外，朱熹亦有對自己從師說以「親」作「新」的辨言，《四書或問》記：「曰：程子改親爲新也，何所據？子之從之，又何所考而必其然耶？且以己意輕改經文，恐非傳疑之義，奈何？曰：若無所考而輒改之，則成若吾子之譏矣。今親民雲者，以文義推之則無理，新民雲者，

釋。但是又指出了：

> 若民，則勿論誠正，即格物亦斷非其所能。新只是脩身上，止除卻
> 身上一段染污，即日新矣。故章句釋盤銘，亦曰「舊染之污」。但在
> 湯所謂染污者細，民之所染污者麤。且此亦湯爲銘自警之詞，固無
> 妨非有染污而以染污爲戒。〔註24〕

誠如上所摘錄的文句所示，如果只是「新民」，新只是除去了身上的污染，實
施在人民身上的若只是一些旨令、規則、教條等，是無法眞正的達到「新民」
目的。船山認爲，眞正的新民是指要「新民之德」，其言：

> 夫明德爲新民之本，而非可早計其效於民新，故身脩之後，必三累而
> 至乎天下平。則新民者固原本於已明之君德，而必加之以齊治平之
> 功。豈德之既明，而天下即無不（明）（平）乎？故格致誠正，其報
> 成在身脩、而脩齊治之底績在天下平。是以明德、新民，理雖一貫，
> 而顯立兩綱，如日月之並行而不相悖。今此以言治平之理，則有德有
> 人，以是功，取是效，捷如影響，必其爲新民之德審矣。〔註25〕

> 故大學之道，以明德者推廣之新民，而云「明德爲本，新民爲末」末
> 者，本之所生也。豈以明德作骨子，撐架著新民使掙扎著；以明德作
> 機關，作弄著新民使動盪……？如此，則群疑可以冰釋矣。〔註26〕

依此筆者爲船山所釋之「新民」與「明明德」略作小結：1. 新民要以明德爲
本。2. 明德與新民理一。但是，分而論之它們各屬於修己與治人二途徑；合
而言之，它們是可以並行而不相違悖。3. 有德者最終目的在於「新民之德」，
並非只是除去表面上的舊染之污，還得必須深入的感化人心，也唯有如此才
是根本之道。因此，船山認爲「在明明德，在親民，在止於至善」應一氣讀
下，因爲明明德與親民必要歸於「止於至善」。他說道：

> 「必至於是」是未得求得，「不遷」是已得勿失。「止於至善」須一
> 氣讀下，歸重「至善」一「至」字。言必到至善地位，方是歸宿，

以傳文考之則有據，程子於此，其所以處之者亦已審矣。矧未嘗去其本文，
而但曰某當作某，是乃漢儒釋經不得已之變例，而亦何害於傳疑耶？若必以
不改爲是，則世蓋有承誤踵訛，心知非是，而故爲穿鑿附會，以求其說之必
通者矣，其侮聖言而誤後學也益甚，亦何足取以爲法耶？」頁6，同上。

〔註24〕王船山，《讀大學說》，頁406，同上。
〔註25〕王船山，《讀大學說》，頁441，同上。
〔註26〕王船山，《讀大學說》，頁444，同上。

　　而既到至善地位，不可退轉也。朱子以「不能守」反「不遷」，最爲
　　明切。此中原無太過，只有不及。語錄中作無太過不及說，自不如
　　章句之當。蓋既云至善，則終無有能過之者也。〔註27〕

　　大學之道，教人修己治人的要領，雖繁雜眾多，但是亦有其綱領總目即
是明明德、親民及止於至善。而其中又以止於至善爲終極目標。以上所述即
是船山對於《大學》一書的總要說明，然而，接下來即是必須細究其修己治
人的條理，也唯依尋這樣的理路、努力用功，實際地付諸於行動中，才可以
眞正完成修己治人的目標。故以下將論述王船山由「辨己」到「修己」以達
成「治人」的思維脈絡。

三、小　結

　　歷來學者們認同《大學》一書實具有「修己治人」內容及提要作用。然而，
長期以來對於「在明明德，在親民，在止於至善」的理解上卻眾說紛紜，各家
自有分析理路。船山在受朱子之學點化之下吸收了部分詮釋概念，如釋「親」
爲「新」等。但是，又因爲他獨特有的思維方式反而獨出新意，甚至更清楚的
將朱子欲言又難以表達的「層次」概念，藉由自己歷史歷程義的詮釋手法表達。
更釐清了「明德」與「心」、「親民」與「新民」及「止於至善」應如何詮解等，
將《大學》一書詮解時易顧此失彼的困境做另一有系統地解釋。

第二節　《讀大學說》中由「辨己」到「修己」以達成「治人」的思維脈絡——正心、誠意

　　經由上述中略窺船山對於《大學》一書中所啓示的「修己治人」方針後，
再觀船山如何在以「明明德、新民及止於至善」的方針下，指導後人「學習
做人」的條理。

　　修己治人首先要明察的就是：辨人與自辨。然而，要辨些什麼呢？如何
「辨」？而在辨人與辨己之間最難的是什麼呢？船山一言以蔽之曰「心」。常
人言「人心難測」，《大學》一書開頭便爲初學做人指出了第一要事——明明
德——明瞭、明辨、發揚此心。心所引發的問題最是值得探究。首先，它外
在涉及了歷來學者對於心認知的傳承與轉換、集體意識對當代思潮的影響、

〔註27〕王船山，《讀大學說》，頁396，同上。

以及傳統論述上缺乏的科學辯證；其次則是心內在本來所具有的困窘是，心爲一抽象概念，因此難以貼切描述。此外，它必須藉由外在呈現才能說明，但藉由表達所呈現的心是否就算「盡心」呢？以下分別略述此心之問題，作爲後文船山論心的前導。

一、歷來學者論心抽象心概念的傳達問題

「心」的概念，早在《論語》〔註28〕、《老子》〔註29〕等書中已略有所談，但先秦兩漢，少有以心爲世界的觀點。〔註30〕眞正打開「心」門加以探索者應屬——孟子，他說道：「由是觀之：無惻隱之心，非人也。無羞惡之心，非人也。無辭讓之心，非人也。無是非之心，非人也。」〔註31〕由上述可知，所謂的惻隱、羞惡、辭讓、是非都是屬於心，人也因具有此四者才謂爲人。孟子之時雖引出了「心」的議題，但尚未能對它做較完整性且條理性的說明，〔註32〕直到佛教的傳入才對此議題打開討論的門徑。

〔註28〕宋朱熹集注，《四書集注》，〈爲政〉「子曰：吾十有五而志於學，三十而立，四十而不惑，五十而知天命，六十而耳順，七十而從心所欲，不踰矩。」頁7；〈雍也〉「子曰：回也，其心三月不違仁，其餘則日月至焉而已矣。」頁35；〈陽貨〉「子曰：飽食終日，無所用心，難矣哉。不有博奕者乎，爲之猶賢。」頁125，大孚書局，1996年7月初版三刷。

〔註29〕陳鼓應注釋，《老子今注今譯》第三章：「是以聖人之治，虛其心，實其腹，弱其志，強其骨。常使民無知無欲。……」頁60，第四十九章：「聖人無常心，以百姓心爲心。善者吾善之，不善者吾亦善之，德善。信者吾信之，不信者吾亦信之，德信。聖人在天下，歙歙焉；爲天下，渾其心。百姓皆注其耳目，聖人皆孩之。」頁234，1998年8月二次修訂版第二次印刷。

〔註30〕張岱年，《中國古典哲學概念範疇要論》，頁192，中國社會科學出版社，2000年3月第3次印刷。

〔註31〕宋朱熹集注，《四書集注》《孟子‧公孫醜》，頁46，大孚書局，1996年7月初版三刷。

〔註32〕筆者案：亦如杜維明先生在《儒家思想：以創造轉化爲自我認同》中論及有關於東亞的宗教與哲學爲何難以釐清時指出，「……要完全成爲人，就需要有使自我與日益擴大的關係網絡經常保持和諧的勇氣和智慧，這就需要一種超越人類中心論限制的視角。但是，這個超越的視角決不允許脫離我們所生活的此時此地的世界。東亞一切主要精神傳統之所以都強調把內在體驗當作宗教倫理考慮的基礎，其部分原因即在於茲。這種內在體驗不僅僅是爲系統分析提供思想範疇的那種抽象的「內在體驗」，而且是進行哲學思考的思想家的具體的內在體驗。宗教和哲學的界線不可避免地被模糊化了。通常與心理分析學科相聯繫的東西，都變成在宗教上和哲學上有關聯和有意義的東西。東亞思想有意識地拒絕 —— 或者也可以說沒有能力使自己遵從 —— 具有現代高等教育特徵的

　　佛教以阿賴耶識做爲清靜之所、自我，並教導人們探尋自我與明解人生的苦痛。這樣的關心在儒學中是較少提及的，儒學缺乏如何觀照自我與尋求本心最主要的原因在於：儒學家重視的在於實際的與積極的面對人生。於是，當人們無法積極的面對所處的現實世界，且自身又極欲尋求解脫時，宗教信仰的介入很容易獲取人心。故晚唐舉國上下沈迷於縹緲虛妄的思潮中，生活、經濟、社會、政治甚至是思想、文學無一倖免於此狂潮的襲擊。雖晚唐陷於此委靡不振，但亦有學者致力以中興，也因爲明白人們對於「反求本心」的強烈要求，於是，有關心的議題被揭開，並成爲學者們極欲建立與關注的新焦點。

　　這樣的關心一直延續到了宋明之際。此時期的學者有三項重要的歷史使命：一，將儒學再度轉換而興盛，不讓佛教專美於前，努力建立道統而回歸之，藉由《論語》、《孟子》、《易傳》、《大學》與《中庸》，這些專屬於儒學作品加以闡釋，並且將儒學對於人的關懷作一較系統性的說明。可以說此時的儒者不只是要回歸儒學本然的面貌，同時也向當時人宣示著儒學亦關心所有人身的困境。其次，儒學真正的面對反求自我的需要，筆者前已分析是由純粹外在的形骸、容貌的品鑑與行爲舉錯得宜的關注上，才又回歸到屬於「人」較爲深刻的「自身精神生命」議題上來。或許我們應感謝，在學者們的自我覺醒與佛教的刺激下，才使儒學得以再生。第三，此時其學者的最重要議題就在於──爲儒學建構較爲完善的理論體系。依觀察思想史表現可知，宋明以前並未有完整專屬於儒學的體系，因此，面對佛教以「心」作爲人與天之間的聯繫時，直使學者遭受前所未有的「天人困境」。宋明學者一再不停地警惕自己不可落入漢儒「天人災異」窠臼裡，且又必須依屬於儒學才有的概念，建構理論系統並以達「天人合一」、「天道性命貫通爲一」的唯一境地。總之，在上述三項使命中，可以說「明心見性」成爲當時學者們唯一的課題。

　　論及此，必要發出如此的疑問：針對著「盡心、知性、以知天」的議題下，宋明學者到底是如何用心探索而達到真知天的呢？首先爲此困境揭開序幕者，爲宋張載。他明白的指出，要「盡心」前就先要知道「心的源頭」。〔註33〕什麼

　　　學科劃分。這不單純標誌著東亞思想缺乏分解性，而且標誌著它具有那包涵豐
　　　富內容的模糊性的整體性。」頁18，東大圖書，1997年11月。
〔註33〕王船山，《張子正蒙注‧大心》，「思盡其心者，必知心所從來而後能。」頁106，
　　　世界書局，1960年5月再版。

才是心的源頭呢？張載說道，「心」一則爲合「性與知覺」；〔註34〕另一則爲「統性情者也」。依此可知，張氏的心必須是總合性與知覺二者，換句話說，我們所知的心必須經由性和知覺的表現下捉摸得到。除了上述，張氏並未有再進一步詳盡的闡述。這樣的陳述具有引導作用，但也使學者陷入困擾之中：一則，心與性二者均屬一抽象性概念，在彼此循環互證的情況之下，實難眞正明瞭各自所指的內涵爲何，因此更遑論能分辨此二者的異同。二，心與腦的作用常期以來爲學者們所混談，若無法跳脫如此的窠臼，將使釋心者更爲困難。張載之後，對心議題論述的宋明學者爲程頤。程氏在〈與呂大臨論中書〉指出，心必須具備二要件：一「體」，即指寂然不動的狀態；另一「用」，即指感而遂通的具體呈現。〔註35〕到南宋朱熹，承襲著張載與程頤對於心的理論，以「已發、未發」言心，並展開對於心的完整詮釋。雖然朱子學並不以心作爲整體思維論述的重點，但由朱子所創設的心性論，並未能停止當時學者對於心性的探討，反使後來學者論心由原本的泛論，逐步精細探究其中更具複雜性的議題。

中國歷來論心的系統，初有孟子簡單的以「惻隱、羞惡、辭讓、是非」爲心，輾轉到宋朱熹的以體用、已發未發言心，他雖在層層的思辯理路與剝解下欲窺此心，然界定的模糊性，反使論心陷入了五里霧中。推究其最根本的瓶頸乃在於：抽象的心本來就具有原始複雜的「因果爲何」的困難。故以下先略述論心的幾則基本困難。

（一）預期與結果的差異性

船山於《讀通鑑論》中曾言：「人至於機變以爲心術而不可測矣」〔註36〕、「心不可使人知」〔註37〕、「非我類者其心不可知」〔註38〕，在《讀通鑑論》一書屢言「知人之難久矣」推究其中最主要的困境在於：知人、辨人、自辨之難在於「辨心」、「心之難辨」。實在是因爲「心」屬一抽象概念故「不可以使人知」，它必須藉由外在的形式表現才可窺知其特性。但是它又有潛在的問

〔註34〕王船山，《張子正蒙注・太和》，「由太虛，有天之名；由氣化，有道之名；合虛與氣，有性之名；合性與知覺，有心之名。」頁15，世界書局，民國1960年5月再版。

〔註35〕《文集・與呂大臨論中書》「心一也，有指體而言者（自注：寂然不動是也），有指用而言者（自注：感而遂通天下之故是也），惟觀其所見如何耳。」

〔註36〕王船山，《讀通鑑論》，頁481，同上。

〔註37〕王船山，《讀通鑑論》，頁14，同上。

〔註38〕王船山，《讀通鑑論》，頁396，同上。

題「非我類者其心不可知」、「心之動機難測」；因爲：心（A）→禮（外在形式）→表現出來的心（B），由A到B的過程中，A心是否就等於B所表現出來的心？此爲值得商榷的問題。孟子談論心是由「人外在表現的情況」加以推測說明。〔註39〕就如同杜維明先生曾指出，〔註40〕「道德性或精神性」不是通過學習而內化，但是「道德性或精神性」必須通過學習表現出來。就如同人的心不是通過學習才有是心，然而談論到心的本質爲何，我們又無法具體說明，雖然如此，但只要經由「個體的行爲表現」可以推究心爲何物。杜先生於此舉了我們對「禮」概念的認知，〔註41〕他總結的說道：禮儀化只是我們表現自我是成熟個體的狀態。如此論調是會令人產生質疑的——究竟是先有外在的禮儀節目，還是人本來內在就具有禮的概念？假設是先有外在的禮儀節目，那麼所謂的內在具有禮的概念應是經由學習所得到，故非人本來所具有的。如言凡是屬於人內在的部份是「天所予我者，我故有之」，那我們又何能強加外在的於內在之上？又假設人本來就有禮的概念在內心，然而爲何又得靠繁複的儀式表現才算呢？此外，儀式所表現的是否眞就是人內在禮的本來意涵呢？凡論及到「人本來內在具有」的問題時都會產生如此矛盾情結。這也是爲何涉及到「心」如此困難的原因。

　　再回到杜維明先生詮釋「道德、精神」與禮此二者關係之疑慮中，筆者

〔註39〕杜維明先生，《儒家思想：以創造轉化爲自我認同》指出「正如『言』永遠不能完全表達『意』所深含的韻味一樣，形體也不可能完全表達人心的內在情感。……人的身體需要經歷一個長期漸進的過程才能獲得某種適當的形式，但人心的轉化卻似乎很迅速，因爲『心』是無定形的，『故曰：求則得之，舍則失之』。……儘管心是變幻莫測的，但孟子認爲，心的結構通過直接經驗是能夠認識的」頁114，東大圖書，1997年11月。

〔註40〕杜維明先生，《儒家思想：以創造轉化爲自我認同》「道德性或精神性不是通過學習而內化的，而是通過學習表現出來的。因此，在孟子傳統中，學習做人被看成是內在道德和社會規範的一種『相濡』，而不是把外在價值強加給未經教養的心靈。事實上，心既是認知器官，又是情感器官，既象徵著意識，又象徵著良心的功能。因爲它不僅反思現實，而且在理解現實時也塑造現實並創造現實對自身的意義。」頁22，東大圖書，1997年11月。

〔註41〕杜維明，《儒家思想：以創造轉化爲自我認同》「我們之所以這樣做並非是爲了尋求他人的認可，而是爲了遵循激勵我們成爲群體組成部分的准。儘管我們周圍有些人也許只會生硬地使用這種『禮的語言』，但是，由於我們首先要對我們可能或應當成爲什麼樣的人負責，所以，這一切並不會阻礙我們去完善屬於我們自己的諸藝……儒家思想賦予『禮』的啓發功能以極高的評價，以至於它把禮儀化看作是我們學習成爲成熟人的具體過程。」頁108，東大圖書，1997年11月。

認為實可以由此明瞭程朱與陸王學者一直以來的矛盾與爭論。程朱與陸王二者各以「性即理」、「心即理」為思想主軸，但是，二者同樣是肯定著「心具理」的概念。如上所述，道德性或精神性既不是通過學習而內化，是人之所以為人，本然固有的部份，但是，為何又得要通過學習而表現呢？所謂的學習又是學習著些什麼呢？程朱以理為圭臬，人必需經由不斷的學習知識上逐漸明白心的道理所在；陸王以心為本，致良知、反求於己身，所有的事理就在己身所見，知識學習只是輔助而非本源。一者以學習知識為主，另一以學習良知為主，二者均以反思己身、成就個人的德性為最終目的，但二者理論中細微差距鮮少為人所注意，故後來學者言程朱陸王即在「所學何事」的糾結上展開了不同理路思辯與爭論。

（二）集體意識與缺乏科學的方法

中國人討論哲學議題時：第一，針對於抽象概念時多以具體呈現替代抽象思維，因而忽略了其間的落差性；第二，往往難以將既有的概念抽離，常將心和專屬於腦的思維運動混為一談的情況比比皆是；第三，難以「純粹」的狀態論心，故中國人論心時則不免又常將志、情、已發、未發等的變因加入其中；第四，在人的生長過程中，社會環境或是集體意識等因素是一定會對人有著部份程度的影響，而這些固有的情感力量卻又都是道德或是自我發展的重要內在結構，是人之所以為人的重要因素。綜合上述四個因素，因此至今學者們實難給予「心所指為何？」明確的解答。

前文反覆論斷繁瑣的論心歷程與心本來的困難引領下，本文接下來藉由歸納與分析的手法，扣緊著「心」議題，以船山論點為中心，觀明末清初樸學漸興下，受學風感染的王船山如何在《讀大學說》中釐清歷來學者在釋「心與人」關係的矛盾與難題所在。在論述之前，吾人已知船山學頗受朱熹點化，至中年時作品實略顯異於朱熹論述，漸而開展個人思維體系。但在二者細微差距處，常為少數學者所忽略，為釐清此盲點，故本文擬先探索朱熹論心的困境與疏漏；其次，再觀船山如何補足，與反對朱熹論述中的毛病與困窘。藉由兩者的比較論述，辨別與條理出船山與朱熹理論概念中的些微差異。

二、朱熹論心性情的困境

無論船山思想是否承襲於朱熹一脈而來，但曾致力於科舉考試的船山，

必已深入讀過朱子所作的《四書集註》，其心性思想也必在出入朱子之學之中而逐漸釐清，因而建立起屬於自己的理論體系。

（一）以「已發、未發」論心

朱子在心性議題最大的成就，應屬於丙戌與己丑二次對於心性的體悟上，但是，這二次的體悟實未讓他在論心有較持平的論調，足以說服當時學者。首先，略探朱子對於心、性二者的認知。《朱子語類》中載：

> 或問心性之別。曰：「這箇極難說，且是難爲譬喻。如伊川以水喻性，其說本好，卻使曉不得者生病。心，大概似箇官人；天命，便是君之命；性，便如職事一般。此亦大概如此，要自理會得。如邵子云：「性者，道之形體。」蓋道只是合當如此，性則有一箇根苗，生出君臣之義，父子之仁。性雖虛，都是實理。心雖是一物，卻虛，故能包含萬理。這箇要人自體察始得。」〔註42〕

上述文字得知，他以君之命——職事——官人三者之關係，用來比喻天命——性——心之間的聯係。性，它是君主所給予的職位與工作，他的狀態是虛，但其中都是實理；心，它是受君命的官人，狀態是實存，但其中爲虛。也因爲是虛，可塑性大，具有更廣的包容性，因此能含萬理於其中。此外，朱子亦有「心有善惡，性無不善。」〔註43〕等說法，綜合上述，其實在朱子他原有認知中，心和性是二個不同性質的物。也因此，朱子承師程頤之「已發、未發」的概念對心和性做了以下詮解。他說：

> 右據此諸說（程頤論未發十五條）皆以思慮未萌、事物未至之時爲喜怒哀樂之未發，當此之時即是心體流行寂然不動之處，而天命之性體段具焉。以其無過不及，不偏不倚故謂之中，然已是就心體流行處見，故直謂之性則不可。呂博士論此大概得之，特以中即是性，赤子之心即是未發則大失之，故程子正之。（《文集》六十七）

所謂的「未發」是指「思慮未萌、事物未至之時」，它是心體流行寂然不動的所在，它不偏不倚、無過與不及故稱爲「中」，但是，並不屬於性。心和性二者是不同。但是，之後卻因使用「已發、未發」概念言心和性之體用，遂而又將心與性合而爲一了。認爲：

〔註42〕宋黎靖德編，王星賢點校，《朱子語類》卷五，頁 88，中華書局出版，1999年 6 月北京第 4 次印刷。
〔註43〕《朱子語類》卷五，頁89，同上。

> 心有體用。未發之前是心之體，已發之際乃心之用，如何指定說得！
> 蓋主宰運用底便是心，性便是會恁地做底理。性則一定在這裡，到
> 主宰運用卻在心。……〔註44〕

所謂「未發」是指心之體；「已發」是指心之用。其次，再以性、情言心之體用。《朱子語類》載：

> 「心統性情」，故言心之體用，嘗跨過兩頭未發、已發處說。仁之得
> 名，只專在未發上。惻隱便是已發，卻是相對言之。〔註45〕

> 性是心之道理，心是主宰於身者。四端便是情，是心之發現處。
>
> 〔註46〕

> 舊看五峰說，只將心對性說，一箇情字都無下落。後來看橫渠「心
> 統性情」之說，乃知此話有大功，始尋得箇「情」字著落，與孟子
> 說一般。孟子言：「惻隱之心，仁之端也。」仁，性也；惻隱，情也，
> 此是情上見得心。……蓋心便是包得那性情，性是體，情是用。……
>
> 〔註47〕

朱子試圖在「已發、未發」的論調中釐清：一，同為一心為何會有已發、未發的狀態？及所謂的未發是心，已發是否也是心？若已發、未發均為心，那麼人不就有二心？為了解除這樣的疑惑，朱子結合了已發未發與體用概念，蓋括、統整了心、性、情三者之關係。心是主宰，他統率著性與情的變動。性為心之體，情為心之用，既然性與心本質不同，又如何性可以為心之體呢？其次，性已發之狀稱為情，心已發之狀亦稱為情，故依此，情之未發的狀態是心，亦是性。那麼，問題出現了，第一，朱子以未發言心，也以未發言性。本來性質不同的心與性，卻因為已發均為情，反而連結了起來。

> 鄭問：「先生謂性是未發，善是已發，何也？」曰：「纔成箇人影子，
> 許多道理便都在那人上。其惻隱，便是仁之善；羞惡，便是義之善。
> 到動極復靜處，依舊只是理。」〔註48〕

> 有這個性，便發出這情；因這情，便見得這性。因今日有這情，便

〔註44〕《朱子語類》卷五，頁90，同上。
〔註45〕《朱子語類》卷五，頁94，同上。
〔註46〕《朱子語類》卷五，頁90，同上。
〔註47〕《朱子語類》卷五，頁91，同上。
〔註48〕《朱子語類》卷五，頁83，同上。

見得本來有這性。〔註49〕

綜合上述，可知性是未發之狀，情則是性已發的情狀。朱子言「四端便是情，是心之發見處」〔註50〕藉著已發未發將心、性、情三者做了聯繫。〔註51〕朱子本來自認爲心、性有別，但卻在「已發、未發」、動靜等概念混淆了二者。於是，第二個問題即是，朱子乾脆將心性加以合而爲一了。他說：

> 問：「心是知覺，性是理。心與理如何得貫通爲一？」曰：「不須去著實通，本來貫通。」「如何本來貫通？」曰：「理無心，則無著處。」
>
> 〔註52〕
>
> 「心與理一，不是理在前面爲一物。理便在心之中，心包蓄不住，隨事而發。」因笑云：「說到此，自好笑。恰似那藏相似，除了經函，裡面點燈，四方八面皆如此光明粲爛，但今人亦少能看到如此。」
>
> 〔註53〕

屬於知覺能力的心，遇事物則顯發其作用。卻能與屬性不同的性相互結合、貫通爲一。朱子論述中心性所具的困窘都來自於以「已發未發」來理解，遂不同性質、概念均可爲一。針對於此，陳來曾在《朱子哲學》，〔註54〕也提了以下的說明：

> 心的未發已發是區別心理活動及其狀態的兩個階段，這裡的已發未發是同一層次的概念。而性情未發已發則是與體用相同的概念，兩者不但在實際上有過程的區別，層次也不相同。已發未發這兩方面的意義所以易被混淆，易被理解爲心之未發就是性，原因其一是孟子關於心的概念運用得不很嚴格，如四端在朱熹規定爲情，而孟子皆以心論之，在這個四端的意義上固可說心之未發是性，但籠統地說心之未發是性便造成混亂。其二是程頤講才思即是已發，朱熹爲體現這一思想，不說情之未發是性，而說思慮未萌而一性渾然，也容易使人誤以爲朱熹的心性論是講之未發即是性。

〔註49〕《朱子語類》卷五，頁89，同上。
〔註50〕《朱子語類》卷五，頁90，同上。
〔註51〕《朱子語類》卷五，「性者，心之理；情者，性之動；心者性情之主。」頁89，同上。
〔註52〕《朱子語類》卷五，頁85，中華書局出版，1999年6月北京第4次印刷。
〔註53〕同上。
〔註54〕陳來，《朱子哲學》，頁178～180，華東師範大學出版，2000年9月第一版。

陳來指出了:「心」已發、未發是指「心理活動及其狀態的兩個階段」;「性」已發、未發則是「與體用相同的概念」、「在實際上有過程區別」、「層次也不相同」。但是,如此具科學性與邏輯性的詮解,並非朱子或當時學者所能輕易釐清。其次,陳來將朱子心性論的困窘,全歸罪於孟子論心性的不完善,與程頤言才思、已發的概念遂而使朱子犯了這樣的毛病。如此迴護說法,未必會使朱子於墳中欣然點頭答應。亦不足以說服人們相信,朱子已能很清楚分析「心性」之關係。

(二)堅持以「性即理」的論述膠著

朱子曾言:「心以性為體,……蓋心之所以具是理者,以有性故也」,〔註55〕依此可知,性為心之理,而性為理不僅是在於它是心所稟受的一種實體,而且也是人的內心原則、本質與規律。在朱子堅持以「性為理」及絕對論點劃分心性,造成了二者本來就難以釐清的「灰色地帶」更難以詮解。

「性即理」的思維,「性」成為朱熹思想體系中聯絡其他概念的核心。因此,可以做以下的分析:理——性——心。「性即理」的絕對等同下,吾人可知性即是做為人「內心原則、本質與規律」,性當具有恆常性,若隨易變動就會讓人產生疑惑,然而,它的問題出在於「夾雜氣質」,〔註56〕故朱子遂又將性區分為「天地之性」與「氣質之性」。依朱子思維脈絡分析下,可得:理——性(天地之性、氣質之性)然而,如此論述依舊落入了論心的困窘中,於此揭示著「人是具有二性了?」祝平次先生〔註57〕解釋,性與理在朱子思想體系中實是有二種情況:一、從縱的方面說,它們是有時序上的差別:「理」貫穿整個宇宙行程,「性」卻只有形氣之物存在時才存在;二、從橫的方面說,有著「人性——物理」、「心性——事理」差別。依此,人——物,心——事,性——理,說明了朱子是以「人」是「物理」,「心」是「事理」為理解。未若以「人性——物理」、「人心——事理」作為比較對照似乎更較貼近朱子的心性概念:人性是屬於物理的層次說明,人心是屬於人對應事理的表現。對於朱子而言,「性」是萬物所具有的部份,《四書或問》中記:「蓋所

〔註55〕《朱子語類》卷五,頁89,同上。
〔註56〕《朱子語類》卷九十五「大抵人有此形氣,則是此理始具於形氣之中,而謂之性。才說是性,便已涉乎有生而兼乎氣質,不得為性之本體也。然性之本體亦未嘗雜。要人就此上面見得其本體元未嘗離,亦未嘗雜耳。」頁2430,同上。
〔註57〕祝平次,《朱子學與明初理學的發展》,頁63,臺灣學生書局,1994年2月。

謂性者，無一理之不具……所謂性者，無一物之不得……雖鳥獸草木之生，僅得形氣之偏，而不能有以通貫乎全體，然其知覺運動，榮悴開落，亦皆循其性而各有自然之理焉」，〔註58〕因此，人有人性，物有物性。由朱子所謂的心、性、情三者關係中近來學者均以不同層次與歷程概念加以釐析，但對於當時學者而言，這些論述是混亂且難懂。心與性之間產生了疑義，只因為做為心根本的準則──「性」是理，卻沒有恆常性，會變動（具已發、未發之狀又會雜氣質）。又，心做為統性情者，卻又必須依賴以性為理。蒙培元曾舉朱子釋「明德」一詞中，明確的指出朱子實際上對於心與性的理解是有困擾的──朱子有時說明德是性；〔註59〕又說明德是良知良能；〔註60〕曾直指明德為心，以明德將心、性等同，簡言之，他是將主觀心與客觀性合而為一。朱子哲學思維中的精密與繁雜全在於釋心、性上可以發現，但就是因為對於心性之間的矛盾詮釋又不能自圓其說，造成了閱讀與再詮釋者的困難，難怪陸九淵言朱子學為「疊床架屋」。

三、王船山對朱子學的反思與個人理路的開展

（一）王船山對朱熹詮釋「心」概念的批判

　　學者從事於自我哲學體系的建構時，必然會有某部份的堅持，雖極力補足堅持概念中所帶來的困窘，卻往往成為另一個易攻破的「罩門」，特別是概念中涉及到人的議題上，因為，人所具有的多變性，總會使完整的理論在推理上無法面對「例外」情況的毛病。船山對於朱子論人、論心、論性等等的歧異論就是在這些「例外」情況中展開。船山在《讀大學說》疑問與批判著朱子對心的詮解中，特別針對於朱子「以明德為心」，他提出了下列個人的見解：

> 明德唯人有之，則已專屬之人。屬之人，則不可復名為性。性者，天人授受之總名也。故朱子直以為心。而以其所自得者則亦性也，故又舉張子「統性情」之言以明之。乃既以應萬事，則兼乎情，上統性而不純乎性矣。〔註61〕

〔註58〕　宋朱熹撰，《四書或問》，頁47，2001年12月第1版。
〔註59〕　《朱子語類》卷十四，「或問：明德即是仁義禮智之性否？」曰：「便是。」頁260，同上。
〔註60〕　《朱子語類》卷十四，「明德，謂本有此明德也。孩提之童，無不知愛其親，及其長也，無不知敬其兄，其良知良能本自有之。」頁267，同上。
〔註61〕　王船山，《讀大學說》，頁395，同上。

在前一節已略爲陳述船山所認知的「明德」概念，於此便可知爲何船山會特對朱子以「明德爲心」概念提出了嚴厲指責。朱子以「明德」爲心、性、良知良能，船山指出朱子以下的困窘，他說：第一，「明德」它是專指屬於人所有的部份，「德」乃是指「有得之謂，人得之以爲人」，也因此，它不可能是與「性」（天所授之總名）概念一樣，可站在較廣泛的範疇裡論述。第二，則是「明德」並非等於「心」。雖然，朱子曾在《大學章句》集注中指出：「明德者，人之所得乎天，而虛靈不昧，以具眾理而應萬事者也。但爲氣稟所拘，人欲所蔽，則有時而昏，然其本體之明，則有未嘗息者」，〔註62〕「明德」和「心」一樣有著「虛靈不昧」與「具眾理而應萬事」的本質在，但它不是心。〔註63〕因此，朱子雖嘗試著區分此二者，然卻無法釐清有著思維脈絡混淆嫌疑。第三，朱子以「性即理」，性是良知良能。其又以「明德」爲良知良能，又是道理、一切人事物關係中的標準。然而，二者是不同的，「性即理」，理在天我們稱它爲命，若在人，我們則稱它爲性，它屬於絕對性的道理。〔註64〕明德的道理，它是屬於相對性概念，會因人、因事、因時、因地……而有轉換，但非全然改變。在船山點明下，吾人可知朱子欲區隔心、性之關係，但實在是界定不明，不只混淆心性，連相近但不同的概念都一並加入其中了。

（二）王船山論心之「正心」與「心正」

船山認爲大學一書，無論是「明明德」或是「親民」最終的目的都在「止於至善」上，因此，如何解決「非善」而達到「至善」遂成爲船山主要的課題。船山是肯定心有心體，然而所謂的心體所指爲何呢？他只在實際的存在世界言心之動向，故指責了釋氏之徒不言「正心」，如果他們採取了正心，則是同時肯定了心之實有的概念，也因此會破壞釋氏之徒對於現實世界無期、無留、無繫的概念。〔註65〕因此，船山嚴厲指責「切須知以何者爲心」〔註66〕，

〔註62〕《四書讀本》，《大學》，頁2，同上。

〔註63〕筆者案：參前章所述。明明德是復性，須在心意知上做工夫。所以心、意、知才是學者應當用功處。二者是兩個不同層次的概念。

〔註64〕宋黎靖德編，王星賢點校，《朱子語類》卷五，問：「性固是理。然性之得名，是就人生稟得言之否？」曰：「『繼之者善，成之者性。』這個理在天地間時，只是善，無有不善者。生物得來，方始名曰『性』。只是這理，在天則曰『命』，在人則曰『性』。」頁83，中華書局出版，1999年6月北京第4次印刷。

〔註65〕王船山，《讀大學說》「故釋氏之談心，但雲明心、了心、安心、死心，而不言正。何也？以苟欲正之，則已有期、有留、有系，實而不虛也。今有物於此，其位有定向，其體可執持，或置之不正而後從而正之。若窅窅空空之太

若不知所謂「心」之內涵，此人之所以爲人的「本」爲何物，又將如何與他人說「用功於成德之事」呢？與其渺渺茫茫的尋求一個外在的心，倒不如實實在在的由實際上談心、正心。然則，心之原本與內涵爲何呢？

首先，針對於「心」顯現於外「正心」、「心正」的歷程義上來說。船山認爲：朱子論心性中，最主要問題就出現在──心的概念與界定不清。也因此，當朱子論「正心」意義時，又不得不引用其他種種說法來掩飾論點中的漏洞。遂使船山嚴厲指責，「不如程子全無忌諱，直下『志』字之爲當」。他說道：

> 蓋朱子所說，乃心得正後更加保護之功，而非欲脩其身者，爲吾身之言行動立主宰之學。故一則曰「聖人之心瑩然虛明」，一則曰「至虛至靜，鑑空衡平」，終於不正之緣與得正之故，全無指證。則似朱子於此「心」字，尚未的尋落處，不如程子全無忌諱，直下「志」字之爲了當。其引伸傳文，亦似誤認此章實論正心工夫，而於文義有所不詳。蓋刻求工夫而不問條理，則將並工夫而或差矣。〔註67〕

朱子對於心的界定不清，造成了他在從事詮解「正心」時，並不符合於「初學欲修身」者的需由。也因此，經由上述引文中，筆者認爲，船山所詮釋「正心」義，實已透顯他對於「心」概念的認知。在脩身的歷程意上來說：

心（人所具有的實物）→正心（人可以經由修養中匡正其心，防備人以意爲心的謬誤）→心正（人的心得到正確、安定的方向）→正心（更加保護人心本質性的純粹取向）。

平常人的存心與聖人的存心不同，聖人之心就是如此、就是純粹不已、完善的；平常人之心是難以一下子就明覺的，它必須藉由歷程的逐步尋求才可以眞正得心。因此，船山指出了：

> 故章首云「所謂脩身在正其心者」，章末云「此謂脩身在正心」，但爲兩「在」字顯現條理，以見欲脩其身者，不可竟於身上安排，而大學正心之條目，故非爲迂玄之教。若正心工夫，則初未之及，固不以無所忿懥云云者爲正之之功，而亦不以致察於四者之生，使不

虛，手揶不動，氣吹不移，則從何而施其正？且東西南北，無非太虛之位，而又何所正耶？」頁420～421，同上。

〔註66〕王船山，《讀大學說》，頁422，同上。

〔註67〕王船山，《讀大學說》，頁422，同上。

> 以累虛明之本體爲正也。夫不察則不正,固然矣。乃慮其不正而察
> 之者,何物也哉?必其如鑑如衡而後能察,則所以能如鑑如衡者,
> 亦必有其道矣。故曰「不動心有道」也。〔註68〕

他依此說明了《大學》立教是有其目的性的,它是爲了想要「脩其身」的人
而設,因此必有它一定的條理與學習方式,它肯定了人具有的缺陷方在此上
面用功,是具有積極的意義;並非如當時的學者立個絕對對立的二個概念而
爭論不休,忽略了實際的操作與運用;同時也反對陽明學「反求本心」就是
心反求心,而漠視實際上不同層次的人應有不同尋心的方式,與由外在的表
現加以學習是必要的。論及至此,會有人發出如此的疑惑:船山如此論述是
否與朱熹以已發、未發均爲心一樣,都是以有二心呢?著實而言之,船山以
《大學》言正其心到正心的歷程意義揭露其教人的眞正意涵,它並非只是片
斷的在心正與否之下,而是在面對於心→表現的心,二者之間的學習陳述與
力求縮減其差距性。

其次,針對於「心」的內在內涵而論:朱子在釋「明德」一詞時,直指
爲心,然而船山卻認爲「緣『德』上著一『明』字,所以朱子直指爲心,但
此所謂心,包含極大,託體最先,與『正心』心字固別。」明德與正心是無
論是所含、所指都是不同的。然而心或正心又當如何理解呢?船山說道:

> 用「如太虛」之說以釋「明明德」,則其所爭,尚隱而難見。以此言
> 「明」,則猶近老氏「虛生白」之旨。以此言「正心」,則天地懸隔,
> 一思而即知之矣。故程子直以孟子持志而不動心爲正心,顯其實功,
> 用昭千古不傳之絕學,其功偉矣。〔註69〕

他直出了若以「如太虛」這樣的概念來說明「明明德」,只會使得「正心」的
路途更加遙遠與空泛,是沒有任何實際效益,倒不如如程子直以「志」之說
明「正心」的意義更爲恰當。

> 此處說心,則五臟五官,四肢百骸,一切「虛靈不昧」底都在裡面。
> 「虛」者,本未有私欲之謂也。「靈」者,曲折洞達而咸善也。「不
> 昧」有初終、表裡二義:初之所得,終不昧之;於表有得,裡亦不
> 昧。只此三義,「明」字之旨已盡,切不可以光訓「明」。孟子曰:「日
> 月有明,容光必照焉。」明自明,光自光。如鏡明而無光,火光而

〔註68〕 王船山,《讀大學說》,頁421,同上。

〔註69〕 王船山,《讀大學說》,頁421,同上。

不明，内景外景之別也。「明德」只是體上明，到「致知」知字上，

則漸縣體達用，有光義矣。〔註70〕

船山以「程子直以孟子持志而不動心爲正心」，所謂的正心，就應當包含了「持志」且具有「不動之心」而言。船山又說道，所謂：「不動者，心正也；執持其志者，正其心也」，心正即心不偏不倚，故爲不動的狀態；正其心即是以具趨善本質的志加以匡正其偏倚之心。若要論及此二者不同處，簡而言之，一爲心靜態之狀，另一則爲心動態之狀。船山引程子言，「未到不動處，須是執持其志。」未動不動處，即使到了動處，人都應當懂得執志而言。又因爲王船山認爲心有趨善力，故大部分人所持之志也應當都是具有趨善性。就如同孟子，其所持之志爲何呢？就是「道」與「義」。總之，「正心」即指持趨善性之志且心正者。但是，人的種種社會環境的變化，價值觀轉換而使人所得有「不純善」的可能。船山曾經說過人之心包含了：「人得之專屬於人的德」、「人所持之志」等，而其中大約十九皆善，也就是說還有百分之十具有「非善」的可能。是與「正心」的百分百善是不同。因此，接下來的功夫即是如何使百分之十的非善能夠成善呢？船山則認爲應由「志」入手，〔註71〕推究其因，志是心之源頭，心所持爲心所向往的目標。當此志爲正即心爲正，則可「一觸即知，效用無窮，百爲千意而不迷其所持。」心正、志正，細拈得知此心虛靈不昧，故不易爲外物所惑而產生偏曲的情況，這就是《大學》一書立教，屢言「正心」、「修身」必以「持志」開始的主要因素。故船山說道：

> 故大學之道，必於此授之以正，既防閑之使不向於邪，又輔相之使必於正，而無或倚靡無託於無正無不正之交。……此則身意之交，心之本體也；此則脩誠之際，正之實功也。故曰「心者身之所主」，主乎視聽言動者也，則唯志而已矣。〔註72〕

> 朱子於正心之心，但云「心者身之所主也」，小註亦未有委悉及之者，將使身與意中閒一重本領，不得分明。非曰「心者身之所主也」其說不當，但止在過關上著語，而本等分位不顯，將使卑者以意爲心，

〔註70〕王船山，《讀大學說》，頁395，同上。

〔註71〕王船山，《讀大學說》「不動者，心正也；執持其志者，正其心也。大全所輯此章諸說，唯「執持其志」四字分曉。朱子所稱「敬以直内」，尚未與此工夫相應。」頁419，同上。

〔註72〕王船山，《讀大學說》，頁401，同上。

而高者以統性情者言之，則正心之功，亦因以無實。〔註73〕

「在心爲志」，船山認爲「志」是心之所持，人也因持此有志遂有自我趨善、趨非善的可能，也唯有「持志」人的視聽言動才有一積極趨向的動力。然而，「志」它居身心之交，反易被誤視爲「意」或「心」。此外，「志」它屬抽象概念即人言「在心爲志」，因爲它的抽象難知必須藉由具象的呈現才能推知，在此其間不得不涉及到「意之發與未發」這變因加入的困擾，即當人們「發言爲詩」時其所言是否眞能盡心、盡意，這又是一個歷來難解的課題。總之，在船山的認知裡，心非有善惡之別，心會有趨善趨非善的呈現全在於人心所持的志，志之趨向雖百分之九十都是善，但還是會有人持相對於善的非善之志。但是，無論如何，人也當有持志不論善或非善，他行動、努力才會擁有方向、指標，就如同朱子所言「志是心之所之，一直去底」，明白的說志就只是心的趨向動力。〔註74〕站在這樣的思維角度，船山認爲無論是君子或是小人均會有持志，他指出：「小人既非欺人，而其志於爲惡者，求快求足，則尤非自欺。則朱子自欺欺人之說，其亦疏矣」如果要由「持志」這一個觀點來分辨君子與小人是困難的，朱子以爲小人是「自欺欺人」，但是船山卻認爲小人只是依照他自己所持的志努力而行，小人所持是他自己的志，因此對於自己而言一點也不覺得內心受到掙扎。〔註75〕

言至於此，不得不略爲探討在傳統概念中的「志公意私」的觀點。公者，背私也。〔註76〕「公」者即是指其爲超越自我，沒有自私自利之心，反之「私」則只是爲己之利而言之。公、私二概念常是並舉。當其在人之上，必因志之趨善故爲公，而意多爲己利故爲私。程顥有以「廓然大公」，言人之內外不二，

〔註73〕 王船山，《讀大學說》，頁400，同上。

〔註74〕 案：如《讀孟子說》中船山指出：「若吾心之虛靈不昧以有所發而善於所往者，志也，固性之所自含也。乃吾身之流動充滿以應物而貞勝者，氣也，亦何莫非天地之正氣而爲吾性之變焉合焉者乎？性善，則不昧而宰事者善矣。其流動充滿以與物相接者，亦何不善也？虛靈之宰，具夫眾理，而理者原以理夫氣者也，則理以治氣，而固託乎氣以有其理。是故舍氣以理，而不得理。則君子之有志，固以取向於理，而志之所往，欲成其始終條理之大用，則舍氣言志，志亦無所得而無所成矣。」頁923，同上。

〔註75〕 《讀孟子說》指出相同的概念，船山言：「孔子曰『吾其爲東周乎』，抑豈不有大欲存焉？爲天下須他作君師，則欲即是志。人所必不可有者私欲爾。若志欲如此，則從此做去以底於成功，聖賢亦不廢也。」頁899，同上。

〔註76〕 （漢）許愼，（清）段玉裁注，《說文解字注》，「公，平分也。韓非曰：背厶爲公。」頁50，黎明文化事業，1996年9月12刷。

不存厭惡於外物、他人之上，人我一樣之超越的修養原則。而程頤以「公」釋「仁」，順理應物，物我兼照。朱子承襲如此的觀念，故論及概念「志」時，他說：

> 心之所之謂之志，日之所之謂之時。「志」字從「之」，從「心」……志是心之所，一直去底。意又是志之經營往來底，是那志底腳。……所以橫渠云：「志公而意私。」……情又是意底骨子。志與意都屬情，「情」字較大。……〔註77〕
>
> 志是公然主張要做底事，意是私地行間發處。志如伐，意如侵。
>
> 〔註78〕

經由上述得知，船山言志與朱子言志二者不同處在於：第一，船山將志歸爲「心」；朱子卻將志歸之於「情」。第二，船山以志爲：所有人均會有自我主張要做的事，志爲「公有」公眾、大家均會有的，依此君子有君子之志，小人亦有小人之志；但是，朱子認爲以志爲：公眾主張要做的事，社會國家民眾一起努力的方向，偏向於有益於眾人之事，依此只有君子有如此廣大的胸襟，至於小人則偏情屬於私意、私情，他只著重於個人的利益、需求，故朱子認爲只有君子持才志，小人是沒有志。站在不同的詮釋角度，所以船山才會認爲朱子言小人「自欺欺人」之說有所疏失。船山論「志公」的方式，實與來傳統的詮解概念有著極大的差異性，但是，不可否認的「志爲公有」這樣詮解與說明，無不可視之爲船山獨特的見解，而且十分別出心裁，是他個人的切入角度、是受時代環境的影響或是其思想體系架構上所必須等因素，都不因此而影響到船山在思想史上的價值，或則我們可以說，船山的實際生活體驗讓他的思想脈絡中考慮到了更多屬於人本身的各個面相，因爲它們都是屬於人的部分，也不需要刻意將它們排除在之外，承認人有欲、有私志等種種的部分，船山遂不需與宋明理學學者一樣，爲了「存天理，去人欲」的絕對性將人釐析得不人性化，天、聖人、君子……也非成了高遠而不可及的偶像。至於接下來談到志的狀態，船山指出：

> 唯夫志，則有所感而意發，其志固在，無所感而意不發，其志亦未嘗不在，而隱然有一欲爲可爲之體，於不睹不聞之中。欲修其身者，則心亦欲修之。心不欲修其身者，非供情欲之用，則直無之矣。傳

〔註77〕《朱子語類》卷五，頁96，同上。
〔註78〕《朱子語類》卷五，頁96，同上。

> 所謂「視不見，聽不聞，食不知味」者是已。夫唯有其心，則所爲
> 視、所爲聽、所欲言、所自動者，胥此以爲之主。惟然，則可使正，
> 可使不正，可使浮寄於正不正之閒而聽命於意焉。不於此早授之以
> 正，則雖善其意，而亦如雷龍之火，無恆而易爲起滅，乃於以修身，
> 而及於家、國、天下，固無本矣。〔註79〕

無論是有所感而意發，或是無所感意不發，「志」是一直存在於人心中的。雖
君子與小人均有志，但是，船山對於志的內涵，還是抱持著傳統的、積極的
「心是具有趨善性本質」觀點，在實際人生中持志爲非善者應屬少數。船山
有著「志」之概念，因此論及前人疑惑困擾於「心既是虛靈不昧之狀爲何會
有動心、心妄動之狀」之難解問題時，船山就以「定理不見，定志不堅」以
迎刃而解此長久學者心動之困局。船山云：

> 就此下手做去時，心中更無恐懼疑惑，即此而「心不妄動」，是謂之
> 靜。妄動者，只是無根而動。大要識不穩，故氣不充，非必有外物
> 感之。……無故若警若悟，而又以爲不然，此唯定理不見，定志不
> 堅也。若一定不易去做，自然不爾，而氣隨志靜，專於所事以致其
> 密用矣。……要唯靜者能之，心不內動，故物亦不能動之也。〔註80〕

故只要當人心中持有志向，那麼人們就努力朝它前進，心中就沒有疑惑和恐
懼，這就是「心不妄動」、「靜」的狀態。至於人心會產生妄動情況，有時候
只是漫無目的妄動，並不一定要受外物所擾，是氣不充、志不堅，否則人們
一定會盡其所能的用心。因此，當其所持之志爲非善，必行正心之功夫使心
正；而當其所持之志爲善，但意發時卻爲偏、辟，使人認爲其心志不正，故
亦必行正心之功夫使心正，使心達到靜的狀態。〔註81〕談到欲所正之心，王

〔註79〕 王船山，《讀大學說》，頁401，同上。
〔註80〕 王船山，《讀大學說》，頁399，同上。
〔註81〕 《讀孟子說》云：「若吾心之虛靈不昧以有所發而善於所往者，志也，固性之
　　　　所自含也。乃吾身之流動充滿以應物而貞勝者，氣也，亦何莫非天地之正氣
　　　　而爲吾性之變焉合爲者乎？性善，則不昧而宰事者善矣。其流動充滿以與物
　　　　相接者，亦何不善也？虛靈之宰，具夫眾理，而理者原以理夫氣者也，則理
　　　　以治氣，而固託乎氣以有其理。是故舍氣以言理，而不得理。則君子之有志，
　　　　固以取向於理，而志之所往，欲成其始終條理之大用，則舍氣言志，志亦無
　　　　所得而無所成矣。」頁923，又船山言：「志是大綱趣向底主宰，雖亦以義爲
　　　　歸，乃孟子之言義也，曰『集』，則不但心之專向者一於義，而所志之外，事
　　　　物瞥爾當前，不論小大常變，一切都有與他一箇義，以爲之處分。乃使吾氣
　　　　得以自反無不縮之故，恆充而餒，則於其所志者，優有餘地，坦然行之而無

船山即以「自」字明示之。但是，在說明「自」之前略以圖示呈現王船山論心、志、意三者關係簡要概況：

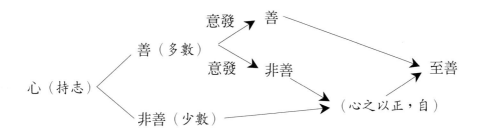

　　經由上圖所示得知：心持志而百分之九十皆爲善，至於爲何顯於外時會有「非善」的情況出現乃是在於「意發」，意若非誠，所發則非善，因而針對於此必當「正」之，故所正之心船山謂之爲「自」，雖持善志然意發爲不善而欲待所正之心，亦是心，不可析離而謂之非心。或言船山所指之心有二，應可謂一爲本然之狀的心；另一則爲意充滿之心。船山曾指出心與意之間的差異性，他說道：

> 且以本傳求之，則好好色、惡惡臭者，亦心而已。意或無感而生，心則未有所感而不現。好色惡臭之不當前，人則無所好而無所惡。意則起念於此，而取境於彼。心則固有焉而不待起，受境而非取境。今此惡惡臭、好好色者，未嘗起念以求好之惡之，而亦不往取焉，特境至斯受，因以如其好惡之素。且好則固好，惡則固惡，雖境有閒斷，因伏不發，而其體自恆，是其屬心而不屬意明矣。〔註82〕

心與意不同在於，心「未有所感而不現」、「受境」——被動呈現的狀態；意「或無感而生」、「取境」——主動呈現的狀態。但是，意是難以完全言明。因此，船山才言：「愚請破從來之所未破，而直就經以釋之曰：所謂自者，心也，欲脩其身者所正之心也」，這樣詮解心、志、意之關係爲前所未有，另立一「自」使人不再困惑所正者之心爲何。船山因此說：

> 則愚請破從來之所未破，而直就經以釋之曰：所謂自者，心也，欲脩

〔註81〕

懼也。若夫所志之義，以事物未當前，則但謂之道，而不名爲義。義散見而日新，道居靜而體一也。……氣配義以不餒其氣，即配道以不餒其志。」頁923，同上。案：船山於《讀孟子說》中亦指出「志」乃是人本來所具有的、它是具有趨善性、以義爲歸。

〔註82〕王船山，《讀大學說》，頁415，同上。

> 其身者所正之心也。蓋心之正者，志之持也，是以知其恆存乎中，善
> 而非惡也。心之所存，善而非惡。意之已動，或有惡焉，以陵奪其素
> 正之心，則自欺矣。唯誠其意者，充此心之善，以灌注乎所動之意而
> 皆實，則吾所存之心周流滿愜而無有餒也，此之謂自謙也。〔註83〕

唯有人可以正之心達到心之正，方是最後歸宿。也唯有如此，人所存的心是
充實自在，而此就可以稱爲「自謙」。故船山認爲「戒欺求謙」不在於「誠
意」，所以說最重要的在於「正心」，回到本然人所具有的原始動機上加以探
討才是最重要的。

> 以明夫意爲心身之關鑰，而非以戒欺求謙爲誠意之實功。藉云戒
> 欺求謙，則亦資以正其心，而非以誠其意。故章末云：「故君子必
> 誠其意。」以心之不可欺而期於謙，則不得不誠其意，以使此心
> 終始一致，正變一揆，而無不慊於其正也。夫唯能知傳文所謂自
> 者，則大義貫通，而可免於妄矣。故亟爲顯之如此，以補先儒之
> 未及。〔註84〕

「自」，就是欲修身者所正之心，由上圖則可以發現：心（持志）在大部份爲
善的過程中，意發而爲非善，故爲必須「正之心」，此即王船山所言「自」。
因此，「戒欺求謙」目的都在於「正其心」，當爲人者不自欺於心，方期求於
「自慊」以使其心「周流滿愜而無有餒」，心正，故無不慊於正，於此爲「心」
上事。誠如船山所言：

> 章句爲初學者陷溺已深，尋不著誠意線路，開此一法門，且教他有
> 入處。若大學徹首徹尾一段大學問，則以此爲且長無益之功，特以
> 「毋自欺」三字示以警省反觀之法，非扣緊著好惡之未流以用其誠
> 也。〔註85〕

四書章句爲初學者立一「惡惡臭，好好色，是誠之本體」，企盼入門者能夠簡
單依尋此路子而達到眞正的「誠意」、「誠其意」，但是推溯《大學》一書，其
實是以「毋自欺」指示學者，在正心、誠意、意誠、心正而達到修己治人的
成果。

〔註83〕王船山，《讀大學說》，頁415，同上。
〔註84〕王船山，《讀大學說》，頁416，同上。
〔註85〕王船山，《讀大學說》，頁413，同上。

四、小　結

中國隨書注疏的詮釋手法，不只是傳達個人的所思、所感，更重要的是藉由原典附加說明，以彰顯個人說法有所依據，而提昇其說服力。但是，這樣的詮釋手法往往個因爲個人、時代種種因素而產生了一書多解的歧異性，特別是針對於「抽象概念」詮釋時更容易出現如此的困境，在以「修己治人」爲目標的《大學》一書，其中最困難即是對於心、意、情、志等抽象概念的陳述。

船山個人著作亦喜好採用依附原典的詮釋手法，在《讀大學說》一書他藉由批判朱子心、性等抽象概念的謬誤，以凸顯個人對於這些概念的理解，而這種手法何嘗可以算是「抽象概念」表達上較爲具體呈現於人的手段。在揭示朱子以「已發未發」、「體用」、及對「性即理」中性概念的通融與理概念的不嚴謹等困局，架構出專屬於自己的思維理路。他指出了：心（人所具有的實物）→ 正心（人可以經由修養中匡正其心，防備人以意爲心的謬誤）→ 心正（人的心得到正確、安定的方向）→ 正心（更加保護人心本質性的純粹取向），正心的歷程義概念。此外，更說明「心持志」說，解釋歷來學者對於「心動」的困惑，而所謂志十之八九爲善，在善中因意發而部分呈現爲善，另一則否。對於意發而不善的部分人們當要使其爲正（自），而使心達到正心的成果。當人們心正、意誠時即達到修己的成效。學者當如是，君主亦當如是。也唯有眞正有得於心者，才可再藉由有得於心的部分，擴充達到家、國、天下。

第三節　王船山《讀大學說》中「修己治人」的工夫論——格物致知

誠如前章節所述，至此略窺王船山架構對於辨人、辨己以達修己治人的目標後，接下來所必須面對的即是實際操作部份。然而言至於此，又讓學者產生了以下困惑，究竟是要依審視事物外在呈現狀態後，再經由反思與內化，才算是達到修己治人的目標呢？還是直接的由內在本心出發，觀察實際人生應事物的種種狀態，而達修己治人的成效呢？這也就是歷來學者爭議不休的「格物致知先後」的問題。依此回溯，《大學》一書中「格物致知」所指涉的內涵、目的爲何？它所指示的是：人應當以「道問學」爲重？抑或應循「尊

德性」的路子呢？諸如此類議題，早在朱熹與王陽明的各自表述下，已引領著宋以來學者們無不競趨探究。然而，欲釐清此議題前，筆者認爲必先解決經典的詮釋問題。

一、格物致知義的困擾

《大學》一書在二程與朱熹的極力表彰下，成爲宋以來學者必讀的典籍之一。論及詮釋議題值得注意的是，宋以來蓬勃發展的學術、社會、經濟等等背景，特別是疑經風氣的盛行，使典籍詮釋不再孤守於一隅，持一家之說了。因之，即使是「四書權威」的朱熹，在《大學》加入「格物補傳」亦難平息眾家說解分歧情狀。依據統計至晚明時，針對於「格物」一詞的說明就有七十二種之多。〔註86〕爲何會有如此多不同的解釋呢？於此，筆者先抄錄引發爭議的「格物致知」一段，再一一略加以說明和釐清。《大學》記「格物致知」云：

> 欲修其身者，先正其心。欲正其心者，先誠其意。欲誠其意者，先致其知。致知在格物，物格而后知至。知至而后意誠，意誠而后心正。心正而後身修〔註87〕

《大學》是學者初學入德之書，其所載的道理無非是教人如何成德之法。其中層層條理說明「修己治人」歷程與步驟，卻引發了「道問學」先或「尊德性」的爭議，其問題點則在於：

一，「致知在格物」此文句突然轉折，與前幾句的語式不一，雖具有承上啓下的說明作用，但也因此引發了爭議。例如：有學者指出「致知在格物」重點就在「在」字，決不可以輕易看待。因爲有物的存在，就有理的存在，理是「致知」中知的對象，理因物而存在，無物就無理可知，「在」字就是指示著事物的理，必須在事物中求之；若離物求知，則難免有蹈空之弊，也不可能得到眞知。〔註88〕所以，格物是致知前的首要與必要的步驟。此外，亦有學者認爲無論致知、格物、物格、知至的次序如何開展，〔註89〕格物應是

〔註86〕何澤恒，〈大學格物別解〉，頁6，《漢學研究》第18卷第2期，1990年12月。

〔註87〕朱熹，《四書集注》，頁二，大孚書局，1996年7月。

〔註88〕鄧澄濤，《學庸研究論集》〈格物致知的探討〉，頁156，黎明文化事業，1982年10月。

〔註89〕王陽明〈大學問〉中指出：「故曰：『物格而後知至，知至而後意誠，意誠而後心正，心正而後身修。』蓋其功夫，雖無先後次序之可分，而其用之惟精，

在正意誠之事上，致知是在於極致良知，因此致知、格物均爲一事，「使良知所知，無有虧障蔽，而得以極其至」。但是，「在」字所指涉的內容應是：格物應先於致知；或是致知應先於格物呢？則可由所格之事與所致之知加以探討釐清。

二，所謂的致知，其中「知」字內容爲何？所謂的格物，其中「物」又包含些什麼呢？若擬就此問題，推至較近於《大學》寫作時代的詮釋著作，（因去古未遠，應會較近於原文旨意）漢代鄭玄是如此解釋「致知在格物」：

> 知，謂知善惡吉凶之所終始也。格，來也；物，猶事也。其知於善
> 深則來善物，其知於惡深則來惡物，言事緣人所好來也。

鄭玄在此詮釋以「人」爲主體，「知」限在於人事上的善惡吉凶之所始。因此，「致知在格物」解爲人知來物之善惡吉凶始終之理。當一個人所知的是善較深同樣顯示的善物亦較深；所知的是惡較深，所顯示爲惡物較深，其重點在於「事緣人所好來也」。換句話說，人所知皆善，故所來之物皆善，於惡無所涉及，因此也無從知惡物爲何物。到了唐代孔穎達《禮記正義》承襲鄭氏之說指出了：

> 致知在格物者，言若能學習招致所知；格，來也；已有所知，則能
> 在於來物。若知善深，則來善物；知惡深，則來惡物。言善事隨人
> 行善而來應之，惡事隨人行惡亦來應之。言善惡之來，緣人所好也。

孔氏所解更進一步的說明「致知在格物」是指藉由學習則能夠招致所知。格物，就是指藉由本身所已知的概念、知識應用於所面對的事物上。所知若以善多則看待事物時必以善事物多，反之亦然。於此說明了人的好壞、善惡全在於人們所學習的方向爲何。至於學習些什麼才算是好壞、善惡？則孔氏並未有詳細的說明，但由文意推測可知，是指學習一般人、集體意識下所謂的好壞、善惡之共知的人倫、事理。於此，人乃處於主動狀態，經由學習可得更多的人倫、事理；物，屬於被動，被人所知，將因人所知而具有局限性。格物致知即是指將學習招致所知之知應用於物上。總之，中國傳統思想是偏重於行爲的實踐，以人爲主要論述的重心，較少有探討「物理」的風氣。若偶有涉及實物時亦轉而以人生觀點爲說，依此觀察歷來學者詮釋《大學》格物致知義，多半難跳脫此窠臼，從漢鄭玄、唐孔穎達，甚至到了宋的朱熹等

固有纖毫不可得而缺焉。此格致誠正之說，所以闡堯舜之正傳，而爲孔氏之
心印也。」錢穆，《四書釋義》，素書樓文教基金會，1990 年 11 月。

都難有完全突破舊說另創己意的。然而，何者才是最貼近於《大學》原本的旨趣，「知」、「格」究竟所指、其義意爲何呢？都是有待釐清的問題。

三、承上論述，《大學》三綱領、八條目所指均是指示人們在人倫事理上的努力方針，以「格物」居其首，但是，何澤恆對歷來詮釋格物的各家提出了以下的質疑：「只就君臣父子人倫之理而言，其常變得失之所以然，求其豁然貫通之一境，亦非初學一蹴可幾」，〔註90〕他認爲針對於君臣父子的人倫關係互動，再去分析它的規律與原則是簡易的。但是，在這裡涉及到了實際的人與人之間互動，它是變化漠測，並且難以簡易的規則去分析其所以然之故。人與人的人際互動關係，它屬於較高深一層的學問，嚴格的說，「格物」即分析人與人、人與事、人應事等等條理規則，若實際運用在人倫關係上具有困難性，因此並非初學的人只因擁有了簡易的格物概念（君臣、父子、夫婦、兄弟、朋友），就能夠順利達到致知，運用於實際人倫、人際關係上。《大學》爲學者「修己治人」入門書籍，難道會如此空泛、理論嗎？誠如上述，筆者認爲，何氏或其他學者會產生如此的困惑其來有自，全都因歷來學者關心的議題就止於：只重視格物與致知二者理論上所表示內涵爲何，但是又未能詳盡歸納出其所涉的實際範圍與作用，多半爭論均只爲逞口舌、爲己言論立義而已。故船山言「耗竭畢生的力氣只爲爭個先後實在好笑」。質實而求之，針對於修身的工夫而言，首先，格物與致知應注意此二者所涉及的範圍內容；其次，則是應當釐清二者在修身「學習歷程」中的意義，是否就如同學者所示即格物即致知。

本文擬在思潮蓬勃的時期，朱子主「格物」與陽明重「致知」的風潮餘盪下，船山所釋之格物致知義是如何解決時代積累下的難題。當然，在尚未對上述的種種問題釐清與詮解前，筆者暫以曾昭旭先生所言爲此段文句作結，他曾於〈船山之「格物」義〉中指出：格物即爲現實上事，而道德事業的建立是不能離開現實而行，故必需以格物爲重，此爲朱子之學用力之處。而陽明之學，以心爲主，良知爲證，至於外在的格物只屬旁枝末節非本質上必要的工夫。客觀世界、個人主體的探討此二者輕重應如何細拈，不至顧此失彼才是重要的關鍵。〔註91〕承前所論，明末清初期間，時代巨變、理學發展由極漸衰，陽明後學狂誕放浪，船山著書力求匡時代之弊。船山在反覆研

〔註90〕何澤恒，〈大學格物別解〉，《漢學研究》第18卷第2期，1990年12月。
〔註91〕曾昭旭先生先生，《王船山哲學》，頁170，遠景出版社，1996年5月再版。

討朱學、王學與佛釋，責其防害人心發展的教條，其學雖多受朱子之學點化，但並非與朱子之學全然無異，實開屬於船山自己另一論述人與世界的思維理路。故以下本文將列舉船山對於「格物致知」義的詮解，並針對上述種種的疑惑，觀其如何重整各家之說再開創具建設性的說明，用以釐清宋明之際學者所重視的這一個課題。

二、王船山格物致知義的開展

（一）格物不等於致知

首先，針對於「道問學」先或是「尊德性」先的問題，船山有一段極為有趣且具譏諷性文句，恰可依此略窺探船山如何看待此議題。《四書箋解》說道：

> 可笑數十年來一班喫沒事飯人，爭慎獨在致知前、在致知後，如兩盲人爭路，一個說東，一個說西，不知東西皆可走，但汝沒眼，靠一邊倒耳。若說在致知前，則已能誠意，何待致知？若說在致知後，則豈致知時任其意之惡而不慎，直待知致後方去慎獨。……其蠢至此，可笑可恨。……而慎獨自別有加謹之功，則不可以知已致而忽於慎。且知無盡者也，愈致而愈精，則慎獨之功愈加密。故致知誠意俱是通梢一樣工夫，格物正心修身無不皆然，有何前後之有，而盲人獨相爭不已，豈不哀哉！〔註92〕

對於船山而言，學者爭論著致知、慎獨、格物、誠意何者在前後，就如同盲人爭路一樣，所知有限又不能旁通，管中窺豹且自得意滿，數十年來只惹得貽笑大方。明白的說，致知、誠意、格物、正心、修身等等都只是一樣工夫，其最終的目的都在「止於至善一事」，何者為先、何者為後，「次序」並非其中最關鍵的部份。其實，船山會發出這樣的言論其來有自，承前文所示，船山的思維脈絡是以「二端一致」與「日生日成的具生成義」、「歷史歷程義概念」中展開，就是因為這樣的思維方式影響著他的詮解態度。所謂的致知、格物都只是一樣工夫，即「二端一致」概念開展，但是，這並不直指格物就等於致知。他說道：

> 今人說誠意先致知，咸云知善知惡而後可誠其意，則是知者以知善

〔註92〕王船山，《四書箋解》，頁114，嶽麓書社出版，1991年12月。

> 知惡言矣。及説格物致知，則又云知天下之物，便是致知。均一致
> 知，而隨上下文轉，打作兩橛，其迷謬有如此者。〔註93〕

就如同人們所說，誠意即知善知惡，是致知；然而又以格物是知天下之物，此亦是致知，在這樣交錯等同的詮解下得格物、誠意統攝於致知之中，格物——誠意——致知三者相異概念卻又相等，如此一來，不只不知格物、致知與誠意各自所指的意涵爲何，反使學者陷入五里霧中。此外，若《大學》原意旨就是以格物與誠意二者均屬致知，那麼實而求之，原文作者也不需巧費心機於致知之外，另立二個不同的詞反徒增困擾、造成後人的誤解。又言：

> 朱子説「格物、致知只是一事，非今日格物，明日又致知」，此是就
> 者兩條目發出大端道理，非竟混致知、格物爲一也。正心、誠意，
> 亦非今日誠意，明日又正心。乃至平天下，無不皆然，非但格致爲
> 爾。〔註94〕

特別是朱子將格物與致知合論，認爲此二者「只是一事」，這樣的說法是讓船山十分不認同的。船山指出，若統論格物、致知的最終目的，即以他們二者皆以「止於一事」，止於至善之事，這樣的說法是可以的。但是，若直指格物與致知二事爲「只是一事」，以二事爲一事是不被容許的。就實際工夫義上說明，格物與致知本來就是分別代表著二事。例如：

> 至如或問小註所引語錄，有謂「父子本同一氣，只是一人之身分成
> 兩個」爲物理，於此格去，則知子之所以孝，父之所以慈。如此迂
> 誕鄙陋之説，必非朱子之言而爲門人所假託附會者無疑。天下豈有
> 欲爲孝子者，而癡癡呆呆，將我與父所以相親之故去格去致，必待
> 曉得當初本一人之身，而後知所以當孝乎？即此一事求之，便知吾
> 心之知，有不從格物而得者，而非即格物即致知審矣。〔註95〕

在上述行文中論及，船山以「致知與格物非一事」評批朱子「格物、致知只是一事」，就如同釋父子同爲一氣，是一人分成兩個，由此言人倫事物之理，格之則知道所以父慈子孝全都因一氣，如此迂誕鄙陋全指向外求的謬誤詮解實在令人難以接受。船山認爲所謂的孝、悌、忠等人所當知之理，人倫事物之理並非單純的由外（同一氣）尋求就可以完全明瞭，由此指出格物不見得

〔註93〕王船山，《讀大學說》，頁402，同上。
〔註94〕王船山，《讀大學說》，頁402，同上。
〔註95〕王船山，《讀大學說》，頁402，同上。

真正可以達到致知，因爲在人本身上有些所謂的知是不能單單從格物就能尋求到，非格物即致明。但是，船山並非就否定了格物的重要性，只是朱子格物說總是受到了自身理論以「理」爲主的局限性，凡人事物總是歸究於一理字上加以論述、探索。誠如曾昭旭先生所言，船山之學受朱熹點化但又非全盤相同。船山也認爲必須要格物，並非平平淡淡就只是格物；格物的成功情況是要達到物格，至於知至與致知它們又屬於另一個階段的發展。實而論之，格物致知、致知格物乃並行而不悖。他說：

> 若統論之，則自格物至平天下，皆止一事。若分言之，則格物之成功爲物格，「物格而後知至」，中閒有三轉折。藉令概而爲一，則廉級不清，竟云格物則知自至，竟刪抹下「致」字一段工夫矣。〔註96〕

格物致知、致知格物它們是具有歷程義、流動性概念的，格物 ⟵⟶ 物格 ⟵⟶ 知至 ⟵⟶ 致知，中間有三轉折，並非呆呆板板只「格物即致知」而已，故船山嚴厲的指責「竟刪抹下『致』字一段工夫」。然而，船山是如何看待格物與致知二者呢？較概括性的說明是：

> 博取之象數，遠證古今，以求盡乎理，所謂格物也。虛生其明，思以窮其隱，所謂致知也。〔註97〕

> 大抵格物之功，心官與耳目均用，學問爲主，而思辨輔之，所思所辨者皆其所學問之事。致知之功則唯在心官，思辨爲主，而學問輔之，所學問者乃以決其思辨之疑。「致知在格物」，以耳目資心之用而使有所循也，非耳目全操心之權而心可廢也。朱門諸子，唯不知此，反貽鵝湖之笑。乃有數字句、彙同異以爲學，如朱氏公遷者。嗚呼！以此爲致知，恐古人小學之所不暇，而況大學乎？〔註98〕

〔註96〕王船山，《讀大學說》，頁402，同上。
〔註97〕王船山，《尚書引義》卷三。
〔註98〕王船山，《讀大學說》，頁404，此外，於《讀孟子說》中指出：「若求於心者，役心於學問思辨以有得，而與天下爭，則疑信相參，其疑愈積，不如聽其自得自失於天地之間，可以全心之虛白，而繇虛生白，白以無疑之可不動其心也。……乃不知論性三說，立喻不同而指歸則一。」頁921，又云：「乃孟子則以爲：天下言，其是非得失不可枉於當然者，本吾心固有之義，見其是則不容以爲非，見其非則不容以爲是也。惟吾性固有其義以制天下之是非得失，則天下之言本待治於吾心。而苟盡吾心之制，則萬物自有其貞形，萬事自有其貞則，吾心自有其貞觀，雖日與詖、淫、邪、遁者接，而其根苗枝葉之所爲起止，我具知之而無所疑惑，則何用籠罩天下，棄物理於不求，而後可以

「格物」它必須是用心、用耳目觀察，以知識爲基礎不斷的反思辨別，也因此所重視對於外在事物的客觀把握，是努力在於知識上不斷擴充；談到「致知」，必須用心體會、感受、辨別，所謂的知識學問在此只是輔助解決辨別上的作用，因此，致知著重在內，觀主體本身反省以查覺，是個人感受理念上的確認。此二者必須是相輔相成，它們最終的目的就是保持人在對物、對事、對人等情況上能具明覺、洞查的能力，使人能藉由自我修養達到眞正至善的境地。以下則細究王船山格物致知義的內涵。

（二）格物致知相因

在談論船山所陳述的格物致知義之前，值得一提的是：中國人特別重視人自我實踐的成就，因此，歷來的學者無不在「自我完成」、「自我實踐」的議題上用功，也提出了不少的理論說明。直到宋之際學者才注意到坐而言不如起而行的「實際操作」的意義，甚至到陽明時更達「行」的巔峰。究觀這樣自我實踐的理論與實際操作歷程，可以發現歷來學者不是囿於理論上的爭辯，就是盲然、衝動而行。對於傳統學者而言，知——常識、知識、道德理想，就只是平面的、概念的陳列；行——行動、操作、工夫，就只有動態的、實際上的工作。他們缺少了實驗的精神，以理論爲圭臬者驕傲的將理論奉爲高高在上、不可侵犯的神旨；以實際行動爲主者卻又常如脫韁野馬、放浪形骸、自以爲瀟灑的盲目而行。二者皆不知道，所謂的自我完成，乃是「在行動與理論的差距下，從事不斷修改，以達到『善』的狀態」，也因此歷來爲知行、格物致知的問題爭論不休。船山有鑑於此，說道：

> 先儒分致知格物屬知，誠意以下屬行，是通將大學分作兩節。大分段處且如此說，若逐項下手工夫，則致知格物亦有行，誠意以下至平天下亦無不有知。〔註99〕

使心得寧哉！」頁 923，同上。

〔註99〕王船山，《讀大學說》，頁 409，又如《讀孟子說》中指出：「若求於心者，役於學問思辨以有得，而天下爭，則疑信相參，其疑愈積，不如聽其自得自失於天地之間，可以全吾心之虛白，而鰼虛生白，白以無疑之可不動其心也。」頁 921，云：「乃孟子則以爲：天下之言，其是非得失不可枉於當然者，本吾心固有之義，見其是則不容以爲非，見其非則不容以爲是也。惟吾性固有其義以制天下之是非得失，則天下之言本待治於吾心。而苟盡吾心之制，則萬物自有其貞則，吾心自有其貞觀，雖日與詖、淫、邪、遁者接，而其根苗枝葉之所爲起止，我具知之而無所疑惑，則何用籠罩天下，棄物理於不求，而後可以使心得寧哉！」頁 923，同上。案：知有知的困窘，會限制於學問思辨

> 格致有行者，如人學弈碁相似，但終日打譜，亦不能盡達殺活之機；
> 必亦與人對弈，而後譜中譜外之理，皆有以悉喻其故。且方其逆著
> 心力去打譜，已早屬力行矣。〔註100〕

概括而言，學者將《大學》一書區分為知與行二節是可以理解的，但是若要
細究格物致知二者內涵於實際操作上，這樣劃分卻是十分不妥當。就如同人
學習玩棋，必先學習它的規則與技巧並且不斷的自我虛擬演練，這是屬於知
的部份。但是，終究得實際與人對棋才是真下棋，這則是屬於行的部份。在
與人下棋的過程中必然會運用到平日學習的理論部份知識，由此可知：知與
行並非可以斷然區分為二。就如同格物與致知，也不可輕率的視其為一，亦
不可截開為二，船山分析知行與格致之關係如下，他指出：

> 是故孝者不學而知，不慮而能，慈者不學養子而後嫁，意不因知而
> 知不因物，固矣。唯夫事親之道，有在經為宜，在變為權者，其或
> 私意自用，則且如申生、匡章之陷於不孝，乃藉格物以推致其理，
> 使無纖毫之疑似，而後可用其誠。此則格致相因，而致知在格物者，
> 但謂此也。〔註101〕

船山言「格致相因」、「格致互濟」的概念。如同「孝」，它是不學而知，不慮
而能，所以當然的知（常識）。它決不會因為個人的意念趨向於孝，才知有孝；
也不會因為知識上告知為人的正常狀態就是要父慈子孝，因此而知道孝的概
念。「事親之道」它合於一定的原則與狀態，亦有權變道理，這些皆可藉由格
物的方式（即通事親之道）明瞭，再推致所欲達、能達到的孝道；也唯有使
孝之內在情義與外在活動得以相輔，才能算是達到至孝的境界，這就是所謂
的格致相因，致知在格物。這種知孝與行孝道的權宜概念即是孔孟常久以來
的思想陳述，即宰我向孔子問孝、或葉公問證父攘羊等議題，都是在探索禮
節內在情意與外在活動的協調性，即權變概念。雖然船山以此概念詮釋孝與
孝道並無新意，但是，它卻有著提示作用，不在飄渺的理論概念上游走，而
是實際面對人生發生的狀況取境分析。經由上述的種種，再回到先前曾提過
「格物致知」它是具有歷程義概念的，全因為在船山的概念中為「格致相因」、

裡，而使心產生疑問。倒不如「聽其自得自失於天地之間」，以實際的行動踐
履、嘗試，如此是上策，非只是斷然地將知行二分。
〔註100〕王船山，《讀大學說》，同上。
〔註101〕王船山，《讀大學說》，頁403，同上。

「格致互濟」之故。

> 若統論之，則自格物至平天下，皆止一事。若分言之，則格物之成
> 功爲物格，「物格而後知至」，中間有三轉折。藉令概而爲一，則廉
> 級不清，竟云格物則知自至，竟刪抹下「致」字一段工夫矣。〔註102〕

《大學》一書以格物、致知、誠意、正心、修身、齊家、治國、平天下，八條目作爲人成德修業的歷程，從格物至平天下全都止於達到至善一事，其間的歷程、流動性是不可忽略的，它代表著人們努力的方向與指標。船山認爲，從格物到致知中間有三轉折，即上述中所提及的：格物 ⟷ 物格 ⟷ 知至 ⟷ 致知。格物成功爲物格，物格之後知至，知至而後致其知，層層遞進不可忽略歷程的實際操作意義。以下將列舉船山論格物致知義，並對照朱熹所論，方可藉由二者論述的差異性更明瞭船山的意旨。

（三）格物致知的歷程義

致知以物格、知至爲其實質，物格、知至又是以格物爲其基礎，此是理論程序；人由格物而求物格、知至之狀態，即由此狀態再喚起致極、努力於知，此即是實踐必要的工夫、步驟。就理論程序而言，物、知地位爲顯明；就程序、原則論，格致相因，不能分別爲二，依此可知實際踐履程序工夫論時，即由格物而直說到致知。此處所涉之理論與實際二者聯繫的問題與落差，初學者或會以爲玄遠難明，其實是容易明瞭，〔註103〕理論程序中格物、物格、

〔註102〕王船山，《讀大學說》，頁402，同上。

〔註103〕案：筆者認爲船山所欲傳達的格物致知概念，就如同勞思光先生所舉的邏輯思考概念雷同，當一人事物涉及到「理論與實踐」的操作上，很容易產生隔閡。問題是在於理論是停留在平面上的思考，而實踐是實際上的運動，而歷來的學者從事于詮釋時多停留於平面上，理論上的詮解，未能有如船山，將實踐的運動性詮釋。以下錄勞思光先生所指的邏輯思考說：「就邏輯思考而言，吾人可說，人必有要求嚴格思考之意志，然後能循思考規律而進行思考；能循思考規律，然後方能在具體符號演算中求其嚴格論果。於是，求嚴格之意志，思考之嚴格性，演算中之嚴格論果，乃顯然爲三個不同層之觀念，此是理論程式。但在實際嚴格思考中，則此種思考必依某一組符號而運行，於是「思考之嚴格性」之顯現，斷不能完全離開「演算中之嚴格論果」；而嚴格性與嚴格論果，遂在實踐中成爲互不可離者。此是實踐程式。理論程式中，「嚴格性」與「嚴格論果」本是兩層不同觀念。實踐程式中，則一作嚴格思考，便必與某一種特定嚴格論果相連。吾人並不能完全脫離特定之符號群，而顯現思考之嚴格性。此例可說明，在孔子所講之實踐程式中，義與禮何以不可分；在理論程式中，三觀念固截然可分也。」《新編中國哲學史》，頁121，三民書局，1997年10月。

知至、致知四觀念固截然可分，但是在實踐踐履的程序上則此四者不可斷然
各自區分。以下筆者依王船山所述之意略加整理說明。

1. 格物與物格

（1）格

欲釐清學者所言的「格物」是否貼近大學原旨前，就必需考查其「基本
謂詞範疇界定」內涵爲何。首先，探析「格物」一詞中的「格」字，《爾雅・
釋言》：「格，來也」又《爾雅・釋詁》：「格，正也」，許愼《說文解字》：「格，
木長貌」，此外，依學者統計歷來釋「格」字，將其當動詞用的就有八種意義
之多，〔註104〕均由「相交」之義爲引申。然而，上述的各個說法何者才是較
恰當的解釋呢？在此姑且不論，只取朱子與船山釋「格」字略加區別。

> 格者，極至之謂，如「格于文祖」之格，之窮之而至其極也。〔註105〕

由上可得知，朱子強調格物就是至物，極至物之理。因此，金春峰〔註106〕認
爲釋格爲至包含有幾個重要的意義：一、說明了切實在物上、人倫日用上、
修平治上用功，是不能離開物而空談；二、眞知、眞懂、眞見道理即是「格」
亦是「至」；三、知得透徹，表裡精粗無所不到；四、切實踐履，自家身到道
理裡頭，與理爲一。這也就是朱子所言的「格物以窮理」，對物眞知、眞懂，
雖未必能盡窮天下物，但於一事上窮盡，其他則可以類推。船山亦依著朱子
的「格」字解說，以「至」意釋「格」字，《說文廣義》卷三，記載著：

> 格，本訓木長貌。木長則所至者故爲至也、通也。木長則植而上通
> 故通天曰格天。木長則仆而通故通物曰格物。其曰格，其非心者言，
> 心之有非藏於隱而能感通警其隱慝無不徹也。又爲格式之格者，言
> 立乎其至也。若扦挌之挌，從手從各，音雖同而字異。儒之駁者謂
> 大學格物爲扦格外物以守寂，字且不識徒欲滅裂聖學之實功何其無
> 忌憚也。〔註107〕

船山於此指出了「格」字本意爲木長貌。木長所至遠，因此「格」字又可借
爲至、通之意。格字解爲「至、通」之意時則含有動態意，爲動詞。其次，

〔註104〕楊一峰，〈大學八條目淺釋〉，頁51，吳康等著，《學庸研究論集》，黎明文化，
　　　　1982年10月。
〔註105〕《四書或問》，頁8，同上。
〔註106〕金春峰，〈朱熹格物致知說剖析〉，頁95，《中國哲學史》。
〔註107〕王船山，《船山遺書全集》，頁7279，中國船山學會、自由出版社聯合印行，
　　　　1973年6月。

船山言「格」字亦可釋爲格式之格，即標準、式樣的意思，作爲名詞用。依此可知船山所傳達的思維脈絡中「格物到致知」其間涉及了實踐上具體的工夫義，實不容忽視，它非全爲動態意，亦非全爲靜態狀。依此推論船山所言「格物成功爲物格」，其「格物」義實包含動、靜在其中，故第一個「格物」之格字當動詞用，即通物、至物；而後第二個「物格」之格當名詞解，即得知物的準則。此外，船山認爲所謂的「格物成功的物格」應包含著定、靜、安、慮、得此五功效在其中：

> 朱子說「定、靜、安、慮、得是功效次第，不是工夫節目」。謂之工夫，固必不可。乃所謂功效者，只是做工夫時自喻其所得之效，非如中庸形、著、明、動，逐位各有事實。故又云：「纔知止，自然相因而見。」總之，此五者之效，原不逐段歇息見功，非今日定而明日靜也。自「知止」到「能得」，徹首徹尾，五者次見而不舍。合而言之，與學相終始；分而言之，格一物亦須有五者之效方格得，乃至平天下亦然。又格一易格之物，今日格之而明日已格，亦然。戒一念之欺，自其念之起，至於念之成，亦無不然。若論其極，則自始教「格物」，直至「明明德於天下」，自「欲明明德於天下」立志之始，乃至天下可平，亦只於用功處見此五者耳。爲學者當自知之。
>
> 〔註108〕

朱子談到「定、靜、安、慮、得」時，認爲它們是指「格物到明明德於天下」過程中的「功效次第」。但是，對於船山所論的「格物」義而言，這五者在其中是相互不間息的，它們是功效，亦是功夫節目。船山指出：「定」即是指「內不拘小身心意知而喪其用，外不侈大天下國家而喪其體，則定理見，定體立矣。」格物的目的並非只是尋求外在的知識，它定要反思於自身，唯有「定」則人內外不受外物所擾。「靜」則心不妄動，妄動者就只是無根而動，就如同格一物卻又可解爲如是，亦可解爲他說，這全是因爲定理不見，定志不堅，心不靜之故。唯有靜，心不內動，物亦不能動則爲「安」。「慮」指處求止於至善之事精詳，必須仔細分判。〔註109〕內有主，外不疑，既得條理，接下來就只在於人行或不行。行之有得於心，具知而慮亦有所得，盡其自身方可眞正達到至善的境地。所以從格物到物格一切定、靜、安、慮、得均包含其中，

〔註108〕王船山，《讀大學說》，頁398，同上。
〔註109〕王船山，《讀大學說》，頁399～400，同上。

也唯有如此，格物才算成功的物格，內外均無所匱乏。

（2）物

曾昭旭先生曾言：「船山於格物致知，嘗分三步，第一步爲格物，此即用朱子義，乃單純地格物解爲向外認知者」，〔註110〕根據這樣的說法再深入的探討，筆者認爲，不可否認的，船山是將「格物致知」間區分爲三個轉折，第一個部份取朱子格物義，以外在認知爲主。但是，船山並非只停留於通曉、明瞭物的單純狀態的階段，因爲他曾指出成功的格物是要達到物格的狀態，即是指分析事物的道理之後，還要反歸事物使其歸於正，這樣的格物到物格歷程屬動態無疑。但是，船山詮解的「格物物格」義，並不包括朱子格物義中所認知的：「因知物就可以達到人理物合一，因知物就可以類推知人的情況」。會產生這見解上的歧異性全在於：船山是以純粹眼光看待「物」，而朱子則多混物理與人事爲一的原故。因此錢賓四先生都不得不言：「〈格物補傳〉實有自『事物』混入『物物』之嫌。」。〔註111〕而朱子是如何看待「物」這一個概念的呢？：

> 吾聞之也，天道流行，造化發育，凡有聲色貌象而盈於天地之間者，皆物也。既有是物，則其所以爲是物者，莫不各有當然之則，而自不容已，是皆得天之所賦，而非人之所能爲也。〔註112〕

朱子認爲「凡有聲色貌象而盈於天地之間」的都是物，人是物，草木鳥獸均是物，這一點也是船山所不能認同的，因爲朱子的這個概念把人與禽獸都混而爲一了。此外，朱子認爲既然是物必會擁有天所賦予它的一定準則，非人爲所能造作的，物即有物之理。格物就是爲了極至物理，「莫若察之於身，其得之尤切」，〔註113〕倘若可以由自我本身的體驗細察再反之類推於物，是更可以切近事物本身的道理。但是，對於船山而言，物歸物，理歸理。所謂「格物」是至、通於純粹「物理」和朱子極至於物之理是不同的。船山以純粹的眼光看待物，因此曾指出：

> 今以一言蔽之曰：物直是無道。如虎狼之父子，他那有一條逕路要如此來？只是依稀見得如此。萬不得已，或可強名之曰德，而必不

〔註110〕曾昭旭先生，《王船山哲學》，頁171，同上。

〔註111〕錢穆先生，《中國學術思想史論叢》，頁241，東大圖書，1980年再版。

〔註112〕《四書或問》，頁22，同上。

〔註113〕《朱子語類》，頁22，同上。

　　可謂之道。若牛之耕，馬之乘，乃人所以用物之道。不成者牛馬當
　　得如此拖犁帶鞍！倘人不使牛耕而乘之，不使馬乘而耕之，亦但是
　　人失當然，於牛馬何與？乃至蠶之爲絲，豕之充食，彼何恩於人，
　　而捐軀以效用，爲其所當然而必繇者哉？則物之有道，固人應事接
　　物之道而已。是故道者，專以人而言也。〔註114〕

對於嚴辨人禽之異的船山而言，人和禽獸最大的差別性在於人能夠反思、有
道。因此，牛、馬等是萬物之物，但是無專屬於它們的道，「牛之耕」、「馬之
乘」這些均是人「用物之道」、「用物之理」，所以「道」是專爲人而言的。

（3）格　物

　　誠如上述，對於朱子而言格物就是爲了極至物理，但是並非要你能夠窮
盡天下的事物道理，朱子認爲「但於一事上窮盡，其他可以類推」。〔註 115〕
在如此的思維理路之下，他又指出，所謂的物格：

　　物格者，事物之理，各有以詣其極而無餘之謂也。理之在物者，既
　　其極而無餘，則知之在我者，亦隨所詣而無不盡矣。知無不盡，則
　　心之所能發於理而無自欺矣。意不自欺，則心之本體物不能動而無
　　不正矣。……豈外求之智謀之末哉？〔註116〕

物格，就是事物有其理，知理在我，雖天下之物不能窮盡，但知理全在我，
當我發揮推類的常識就可以知物之理了。故吳康曾爲朱子的「格物」義作了
以下的總結，他說道：

　　程朱格物，廣涉物理與人事，所謂「語其大至天地之高厚，語其小
　　至一物之所以然；一草一木皆有理，須是察。至於君臣父子間皆是
　　理。」則是統攝感覺之知與推論之知及實行之知也。〔註117〕

因此，朱子的格物是將感覺的知、推論的知和實行的知三者合一，是具廣大
的概括性的，但也因爲如此遂將格物與致知二者混而爲一了，朱子所謂的「格
物」也就成了「格理」，此說不差。因朱子曾於《四書或問》中指出：「惟其
徒有是物，而不能察於吾之所以行乎其間者，孰爲天理，孰爲人欲，是以無
以致其故復之功……今不即物以窮其原，而徒物之誘乎己，乃欲一切扞而去

〔註114〕王船山，《讀大學說》，頁460，同上。
〔註115〕《四書或問》，頁21，又指出「窮理者，非必窮盡天下之理，又非謂止窮得
　　　　一理便到，但積累多後，自當脫然有悟處。」頁21，同上。
〔註116〕《朱子語類》，頁8，同上。
〔註117〕吳康，〈孔門學說（一）——大學〉《學庸研究論集》，頁9，同上。

之」。〔註118〕綜合上述，這也就是船山論格物義與朱子的不同，對於船山而言，物就是物，它與理無涉，可被格者也就只有物了。例如：

> 孟子曰：「梓匠輪輿，能與人規矩，不能使人巧。」規矩者物也，可
> 格者也；巧者非物也，知也，不可格者也。巧固在規矩之中，故曰
> 「致知在格物」；規矩之中無巧，則格物、致知亦自爲二，而不可偏
> 廢矣。〔註119〕

於此船山針對孟子言工匠造物必以巧琢天工爲至美之理，但是教導他人製作工藝品，只能授予規矩、尺度，至於如何才能使工藝品達到盡善至美巧琢天工，意境、美、抽象概念的教導上是有困難性，它只能意會不能言傳。依此船山遂作了以上說明，認爲「規矩是物」，他是屬於可格、可至、通的部份，但是「巧琢天工」非物抽象美的呈現，屬於知、感物至美之理，故不可格。故規矩之中無巧，然巧又在規矩之中。總之，不可因此而將巧與規則分判爲二，若欲言格物則應當只能切合物事上通查考究，使物達到正當的狀態。言至於此，令人不禁發出如此的疑問，在船山的論述之中似乎人即可以平平順順的釐清事物、格至事物，難道其間不會具有困難性嗎？並非如此，船山指出了格物物格上的困難性有：（一）事物沒有窮盡的時候，但人的智慧、知識所學是有限的。他說：

> 天下之物無涯，吾之格之也有涯。吾之所知者有量，而及其致之也
> 不復拘於量。顏子聞一知十，格一而致十也。子貢聞一知二，格一
> 而致二也。必待格盡天下之物而後盡知萬事之理，既必不可得之數。
> 是以補傳云「至於用力之久，而一旦豁然貫通焉」，初不云積其所格，
> 而吾之知已無不至也。〔註120〕

天下的事物是沒有窮盡的時候，但人的格至所得是有局限性的。以我有限量的知識、智慧想致力於無限的事物之上難道沒有困難嗎？是的，雖有困難，但若可以聞一知二，在不斷的積累與類推之下，亦可以解決這樣的困窘。於此必須注意的是，船山所指的類推只是同事物類推，並非朱子由物事類推人事。此外，船山論格物物格的歷程中另一個與朱子相異的觀點在於，船山認爲格物物格間的另一個困難即是：（二）不能以格物即可通人事上的困擾，以

〔註118〕《四書或問》，頁 25，同上。
〔註119〕王船山，《讀大學說》，頁 402，同上。
〔註120〕王船山，《讀大學說》，頁 403，同上。

為格物即格人物就可以分辨人的是非、善惡,因為「善惡有在物者」。他指出:

> 且如知善知惡是知,而善惡有在物者,如大惡人不可與交,觀察他
> 舉動詳細,則雖巧於藏奸,而無洞見;如砒毒殺人,看本草,聽人
> 言,便知其不可食:此固於物格之而知可至也。至如吾心一念之非
> 幾,但有媿於屋漏,則即與蹠為徒;又如酒肉黍稻本以養生,只自
> 家食量有大小,過則傷人:此若於物格之,終不能知,而唯求諸己
> 之自喻,則固分明不昧者也。〔註121〕

船山認為,大惡人雖善於偽裝奸詐的模樣,但是,經由觀察他的一舉一動還是可以發現,這是純粹就「人物」本身加以探究。談到「砒毒殺人」易於由格物入手,看本草綱目所載或是耳聞人家所言,都可以知曉。但是,有些是無法由格物入手,

如酒肉黍稻本以養生,但是人的食量過大則會傷害身體,這是無法從酒肉黍稻本身去探究,雖都屬於回歸於物的本然狀態察看,但是有時卻難以一窺是非。從格、至、通於物物之理,明白自己知的局限與知物的困難後,漸於其中找尋到物正的原理原則,在不斷的積累之下人的知識、智慧則「無不至」。故依此船山又言,「知至者,『吾心之全體大用無不明』也。則致知者,亦以求盡夫吾心之全體大用,而豈但於物求之哉?」〔註122〕誠如前所言,格物之事就是指心、耳、目均用,學問、思辨為主,而這樣的基本知能擁有了則是「知至」,船山曾言「知字,大端在是非上說。人有人之是非,事有事之是非,而人與事之下非,心裡直下分明,只此是智」,〔註123〕具備了分辨人是非的能力,後則全心致力於心的全體大用,以達修己治人的目標。

三、小　結

「格物致知」並非只是歷來學者平平淡淡所言的片段,它不是絕對的以外在事物的探究為依歸,也不是絕對的以內在涵養為道理。在船山的認知中,格物致知是統攝前述二者概念於其中,有些事物並非分析就可以得到真正的結果,如孝與孝道,酒肉黍稻過量會傷人等等。此外,有些事物並非極致心之分辨就可得知,它必須藉由知識才能加以判斷。故船山指出「格致相因」、

〔註121〕王船山,《讀大學說》,頁403,同上。
〔註122〕王船山,《讀大學說》,頁404,同上。
〔註123〕王船山,《讀大學說》,頁393,同上。

「格致互濟」。由格物，物格，知至達到致知，它必須是內外涵養都具足的，是具有歷程性的。它們是修己治人的實際工夫步驟，因此不能只是單單純純的以分辨或理論即可，它們是屬知行，知中有行，行中有知的部份。

第五章　結　論

一、「知他人之爲人」──辨人

　　常言道「知人善任」，即指知其人之利己、利人、利事且能妥善運用其人的能力，達到「人盡其用」目的。然而，用人應由「辨人」始，一個人是否能建功或過失多寡等應如何辨別與論斷，常是人們好奇、欲知、且期待有具體方法可以依循的。人們都明白：若君主得知人之法，必能擇用賢者協助他完成大業；賢士明白知人之道，則能用以輔助君主並完成自己的事功。總言之，「知人之事」茲事體大，然觀中國式思維軌跡中，針對於「知他人之爲人」之「辨人」法，則多半一開始只能由「外」以觀人、辨人入手。

（一）觀言行

　　第一，知人論人之始應推孔子。其由觀人之視、聽、言、動的具體表現上談「辨人」。孔子〈堯曰〉篇記載：「不知言，無以知人」，〔註1〕知人無法由外貌上觀之，也因此要眞正認識一個人就得先藉由「語言」（文字）內涵上的交流方能逐步加以了解那人。然而，這樣的了解是否足夠？知言是否能知意？言是否盡意？孔子在〈公冶長〉篇又指出了：「始吾於人也，聽其言而信其行。今吾於人也，聽其言而觀其行。於予與改是」，〔註2〕如此說明，可知對於孔子而言，觀人除了從聽其言論開始，但是往往有些人空會紙上談兵，至於談到實踐行動時卻又是猶豫不前、言過其實，孔子認爲人在言與行上應

〔註1〕宋朱熹集注，蔣伯潛廣解，《論語》〈堯曰〉，頁305，啓明書局。
〔註2〕宋朱熹集注，蔣伯潛廣解，《論語》〈公冶長〉，頁59～60，啓明書局。

具有一致性。其實,「實踐」概念從孔子初初揭示便直是中國思想發展中重要方向之一,例如宋明學者高架學問談論心性外,仍不忘強調「知行合一」,甚至對此議題展開辯論、探索,也在那「觀言行」基礎上有著辨人者智的論調。言歸孔子談人,從《論語》記載孔子與弟子們對話裡,除了觀其外在表現外,另一更值得人們重視的——人言行表現於外時,那外在的一切上是否具爲人之所以爲人的「合理性」。依此遂爲後來學者從事辨人工夫時延續產生了許多有關於心性、理欲、倫理、政治等議題。

(二)觀相貌

其次,爲漢代的相人術。所謂的相術是指只依「部份」人之外貌、外觀以斷人的吉凶、性格等情況,它主要在於說明人物的貴賤、貧富、禍福等等方面並且給予人物主觀式評價,偶雜有迷信色彩,但是不可否認的,其中也包含了某些合理因素、統計學結果,平心而論,觀相貌在有關於人物內在精神和外在形體之間某種聯繫的、簡易認識,也帶來其後世在人物品藻有著極大的啓發作用。然而,雖在漢之前荀子〈非相〉篇,曾指出了人的外貌、外觀與行事及其吉凶是沒有必然的聯繫性,可見以「相法」爲作爲辨人依據早在荀子時代已有,且不爲荀子所認同。更可知接續其後的漢朝,在一股陰陽災異、讖諱學興盛下哪能免除如此辨人手法呢?誠如祝平一〔註3〕所言,相人術在漢時實早已一定程度的爲當時人所接受與信任,又如王充曾在《論衡·骨相》試圖給予「骨相」和「命」與「性」之間的關係作集中調和論述,甚至是給予一種哲學性解釋等等。總之,特殊時代背景之下,學術上災異、讖諱盛行,上位者、知識份子喜好此道,人言「上有好者,下必盛焉」更何況上位者在改朝換代下需要這些支持力量以肯定自己地位,此風遂在漢時蔚爲興盛。「相人術」亦可視爲中國傳統知人方法之一。

(三)觀風度

我們可以說:人是視覺性的動物,當人類具備了「美」這一個概念時,對於「美」的標準就有所限定、所知,正如同《老子》說道:「天下皆知美之爲美,斯惡已」。對於人物形象上外貌「美」這一個觀念的提出,東漢末時已漸被開啓。隨著魏晉品評人物的盛行,無論是在劉義慶《世說新語》或劉劭《人物志》等等書中窺見大部份資料都以呈現在人體形象上的關懷與注視,

---

〔註3〕祝平一,《漢代的相人術》,臺灣學生書局,79/2

略知魏晉時期文化風潮的趨向。例如《世說新語》記載〈容止〉等篇章無不是由人外貌、形態的呈現加以評價，當然，除此之外對於人舉止、風度的合宜性，或是屬於人「整體」形象展示等等，都是當時所注意的課題。此類，「由外知人」，即中國傳統思維中欲解決所謂「知他人之為人」的方式之一。

二、「知自己之為人」── 自辨

「知自己之為人」，即由內在省察於己。此為中國傳統知人之學發展中重要課題，甚至由於明白自身便能「成德」以達成就個人生命。如此「成德」之道，首先問題便落在：人必須先懂得探究「自我」。歷來人們在尋求「自我」的路途上，其內容大略有：

（一）以人禽之辨肯定自我價值

首先必定要先提及儒家的孔、孟。先秦之前的各家概念思維較不具系統化，因而很難稱為「思想」，直至孔子時其較有系統化的論述才為中國思想史揭開序幕。孔子「述而不作」，今人若欲窺其堂奧，則不得不藉《論語》一書。觀歷來研究《論語》者，無不樂在其章句之中咬文嚼字，作文字考證、章句訓詁、詮釋新意、章節措置等問題上。然而，此書所載的言辭簡潔，卻又耐人尋味。其中建立起聖人、君子之形象更是深刻的影響著世世代代「論人系統」。也可以說，《論語》一書徹頭徹尾就是孔子知人之學思想的展現，是孔子給自己、門人及後世在解決「人」衍生的種種問題之指引與定心盤。但是，真正能將孔子知人學思想落實於具體呈現的，應是直到孟子揭示「性善論」後。勞思光先生說道：「文化精神之定向與形成，以自覺的價值意識及人生態度為標誌；這種自覺性又顯於理據及系統兩面」，〔註4〕「性善論」引發了「人之異於禽獸」的自覺價值意識，同時人也依此肯定了人之所以為人的特性。孔、孟對於人的重視與關懷，遂使有關「人」的一切議題成為中國思想史中不可忽略的一環。於是，中國思想的延展性，就在於對「人」生（身）課題重視中更趨成熟。上述即是最基礎的、初步的自我查覺──「以人禽之辨肯定自我價值階段」。

（二）附天以肯定自我價值

先秦、兩漢、魏晉直至現代，在中國人的傳統思維中，天和人之間微妙的關係是一直承續發展的。周王朝時「天」所扮演的角色是具有統治、啟示、審

〔註4〕勞思光，《中國哲學史》，頁76，同上。

判、造生及載行等等的特質，〔註5〕《詩經·大雅》云「皇矣上帝，臨下有赫。
監觀四方，求民之莫」、「天監在下，有命既集」這些文句指出了「天」是一具
有主動性的角色，它尋求一位代理人來執行天命，然而這樣的一個人是否有足
夠品德來代行天命，則又必須由百姓反應來加以決定。「天」是具有主導權，它
可以將治理人間之事授命給人間的帝王，然而，在此時期「人」的自我價值並
非全部都附屬在天。但是，「天」的概念發展到了兩漢，具有影響力的儒學家董
仲舒，為了服務政治上的目的，〔註6〕更特別加強了「天人相應」、「災異」等
部份的觀念，無論是刻意或不經意的結合，總之，因此將「人」的價值肯定與
「天命」緊緊聯繫在一起，再加上「命符」等思潮的加入，遂使得「天授人權」
這一觀念在兩漢時期得以繼續延燒。董仲舒於《春秋繁露》中說：

> 為生不能為人，為人者，天也，人之人本於天，天亦人之曾祖父也，
> 此之所以乃上類天也。人之形體，化天數而成；人之血氣，化天志
> 而仁；人之德行，化天理而義；人之好惡，化天之暖清；人之喜怒，
> 化天之寒暑；人之受命，化天之四時；人生有喜怒哀樂之答，春秋
> 冬夏之類也。喜，春之答也，怒，秋之答也，樂，夏之答也，哀，
> 冬之答也。天之副在乎人，人之情性有由天者矣，故曰受，由天之
> 號也。為人主也，道莫明省身之天，如天出之也，使其出也，答天
> 之出四時，而必忠其受也，則堯舜之治無以加，是可生可殺而不可
> 使為亂，故曰：非道不行，非法不言。此之謂也。〔註7〕

由上文所摘錄的敘述，明顯的可以看到直接將人的價值托付在天了。而董仲
舒這樣的思想呈現，無論他是整體社會環境上的需求反應，或單純的只是為
了服務於政治上的手段等因素均可。但是，至少吾人可以看見在此時人們對
於自我價值認定已朝向價值往外尋求的現象。

（三）探究自我之自我價值階段

如上文所述，魏晉時期人物品鑑的風潮大盛，然而，著重的並非只是外
貌上的美，亦注意到了自己「風貌」、「風神」、「風度」，即「由外至內」的

〔註5〕《天人感應哲學與兩漢魏晉文學思想》，楊建國，東海大學碩士論文，1991
年6月。

〔註6〕「漢代統治者在總結秦速亡的經驗教訓中，都在尋找『所繇適於治之路』」《中
國哲學範疇發展史（天道篇）》張立文，中國人民大學，1988年1月。

〔註7〕董仲舒，《春秋繁露》卷第十一〈為人者天第四十一〉。

自身體悟。此時期人物特徵可從典型人物嵇康等人中略窺一二，他們面對於世俗價值與自身價值產生矛盾時，解決方法異於漢朝時的人們，他們是不斷往內在自身尋求自我的價值的肯定，並作為對外在世俗價值的抵抗，《世說新語》載：

> 嵇中散語趙景眞：「卿瞳子白黑分明，有白起之風，恨量小狹。」趙云：「尺表能審璣衡之度，寸管能測往復之氣；何必在大，但問識如何耳！」〔註8〕

> 嵇康身長七尺八寸，風姿特秀。見者嘆曰：「蕭蕭肅肅，爽朗清舉。」或云：「肅肅如松下風，高而徐引。」山公曰：「嵇叔夜之爲人也，巖巖若孤松之獨立；其醉也，傀俄若玉山之將崩。」〔註9〕

> 周僕射雍容好儀形，詣王公，初下車，隱數人，王公含笑看之。既坐，傲然嘯詠。王公曰：「卿欲希嵇、阮邪？」答曰：「何敢近舍明公，遠希嵇、阮！」〔註10〕

嵇康，魏晉時期典型人物代表，文人以社會國家爲己任，自身與所處環境混然爲一，於是我們可以說嵇康內在與外在的矛盾、爭扎就是魏晉時期社會環境情狀，嵇康自身的無奈與困窘正是當時社會所面臨的困窘與無奈。於是，在第一、二則可以發現被評爲「風姿特秀」的嵇康，不只注重是外貌形象，亦關心於自身的德行、氣度等，如此的反身觀照是異於單純只觀外貌的人們。此外，由第三則約略可以得知，此時期的人們對於外貌及內在上是有一定程度追求。這也可以說，魏晉時期人物品評只是手段，最終目的還是爲了讓人們可以努力完成自己在社會上所應扮演的角色，表現自己。

（四）重建之自我價值階段

　　經歷了上述的「以人禽之辨肯定自我價值」、「依附天以肯定自我價值」、「探究自我之自我價值」、「無我之自我價值」等階段，人對自我價值的認知也影響著人如何去面對，或實際操作人自身所衍生出的各式問題。然而，吾人在中國思想史發展上可以發現，對於人價值的探討，到魏晉人學發展到極致之後，漸漸地已成爲非主流之辨論，取而代之即是天道、宇宙論等課題。然而這樣的轉變，難道就意味著人「自我價值」的認知不再重要了嗎？或則它是以另一種形

〔註8〕劉義慶，《世說新語》〈言語第二〉。
〔註9〕劉義慶，《世說新語》〈容止第十四〉
〔註10〕劉義慶，《世說新語》〈言語第二〉

式附著於天道、宇宙論之中而逐漸成長呢？〔註11〕由歷史觀知，佛老思想的衝擊，帶給中國人在自身價值認同上產生了變化，如何釐清天道與人道之間價值的互依互存，遂成了宋明之後學者極關注的話題。以下簡略由船山於《詩廣傳》中「道生於餘情」的概念作為此階段人自身價值之探求說明：

> 道生於餘心，心生於餘力，力生於餘情。故於道而求有餘，不如其有餘情也。古之知道者，涵天下而餘於己，乃以樂天下而不匱於道；奚事一束其心力，畫於所事之中，敝敝以昕夕哉！畫焉則無餘情矣，無餘者，沾滯之情也。沾滯之情，生夫愁苦；愁苦之情，生夫勃倦者不自理者也，生夫惆俠；作惆俠而甘之，生夫傲佷。力趨以共傲佷之為，心注之，力營之，弗恤道矣。故安而行焉之謂聖，非必聖也，天下未有不安而能行者也。安於所事之中，則餘於所事之外；餘於所事之外，則益安於所事之中。見其有餘，知其能安。人不必有聖人之才，而有聖人之情。沾滯以無餘者，莫之能得焉。

在佛老獨自的天人系統下，宋明學者遭受前所未有的「天人困境」。此時宋明學者警惕自己不可落入漢儒「天人災異」窠臼裡，且又期待自身能依著屬於儒學的概念建構起外在價值與人價值平衡的理論系統，達到「天人合一」、「天道性命貫通為一」的目標。也因此，宋明以來學者遂從「道」的觀念建構起，「道」之內涵便成為宋明儒學者研究天人之際問題上一個重要關鍵，「道」它如何在天與人之間扮演著是聯繫者、又是區隔者的角色呢？又如何使人在「道」之中找尋到自我之價值？十分重要。誠如船山認知中「道」，就它的內涵來說，並非死板板的就只是「道」而已。船山認為，「道」是等同於人的生命體驗與價值，「道」的產生是餘情、專屬於人，它「不執著封閉於一事一物之中，而能當幾通流到新的事物之上」。〔註12〕無論是在於天道或人道之上，雖然存在、認識上的有限性，因留有一步的從容，總不顯被迫促而隱沒了，

〔註11〕劉榮賢先生，《張子正蒙注研究》：「中國人的學問始終是建立在心性之上的，對心性以外的學問，大至於宇宙天體之運化，小至於纖介毫末之細微分理，皆可以統納於吾人之心性之中。中國人此種以「明德之知」統禦「知識之知」的心性觀，先天地即必須建立在實際行為的實踐上。……因此，「實踐行為」的價值遠比「分析理論」更受重視。……然而，當儒學經過數百年之衰微，兩宋之理學家亟思再圖復興之時，其時代之環境已大不相同。佛老學說的盛行，使得思想界早已不是統一的局面，自然只重行為，不重理論的方式已不能適應時代之要求。」頁5，1983年12月，私立東海大學碩士論文。

〔註12〕曾昭旭先生先生，〈船山論「道生於餘情」〉，《鵝湖》，27卷，1997年9月。

而擁有無限性的存在。人的自我價值亦是，當人們不自我設限，人即可以從容不感到疲憊，便不會對自我期許和眞理的探索失去了信心。這是宋明以來學者所專心致力之事，然因開始即強制欲立道作爲一神聖不可侵犯的精神指標，故反而使得天與人之間的矛盾性與衝突性不斷延展開來。人對於自我價值認同迷失了路子，之後的陽明心學雖極欲力挽狂瀾，但是終究抑止不住早已擠壓、躁動的人心，奔洩而出的情遂流於狂狷。

　　立足於上述宋明理學至明末心學的思維基礎之上，船山在面對明亡的現實困頓中，嘗試在天道概念下，重新探索心性的議題。其主要企圖是極欲將抽象理論與實際人生二者作一有效性的結合和反思。總言之，船山學問理論架構中，最重要乃是窺其如何論人、知人的種種，並期待能將此心得實際操作於當時社會國家之中。故以下將由《讀論語說》及《讀孟子說》中略取其論人的例子，簡要說明船山是如何運用理論加以論人，以達以古鑑今的作用。

三、由「知他人之爲人」至「知自己之爲人」 —— 辨人與自辨

（一）論孔門弟子中「能之者」

1. 樊　須

　　樊須，字子遲，在《論語》書中載其三次問孔子仁、智之事。船山於《論語》〈顏淵〉、〈雍也〉等篇，指出了樊遲是「下力做工夫的人」，爲能行者。故當其問知人與愛人時，孔子則直接示其行的方法。《讀論語說》雍也篇記：

> 樊遲是下力做工夫的人，更不虛問道理是如何，直以致知、求仁之方爲問。故夫子如其所問，以從事居心之法告之，則因其志之篤，問之切，而可與語也。……朱子云「因樊遲之失而告之」，非愚所知。〔註13〕

> 乃愛人則權在我，而知人則權在人，故曰「知人則哲，惟帝其難之。」是以遲之未達，於知人而更甚，固然無措之情，遂形於色。而子乃授之以方，曰「舉直錯諸枉，能使枉者直」。〔註14〕

船山於〈子張〉中指出「蚤歲即游聖人之門，踐履言語，精密深遠」，〔註15〕

〔註13〕王船山，《讀論語說》〈雍也〉，頁689，同上。
〔註14〕王船山，《讀論語說》〈顏淵〉，頁784，同上。
〔註15〕王船山，《讀論語說》〈子張〉，頁877，同上。

其中包括了曾子、子游、樊遲等人，他們都是懂得身體力行的「能之者」。船山又內察樊遲之心志篤（具有「知」），外觀其能行（具有「能」），據此推測孔子以「舉直錯諸枉，能使枉者直」，是依樊遲「能之者」的特性給予修養的手法。雖其兼具有「知」（欲知仁、知人、愛人求道之所以的精神）、「能」（能踐履其言者），然樊遲偏屬於「能之者」。但是，也因為其具有「知」道之傾向，故孔子遂與其可與言也。聖人修道立教，必擇善固執，觀人心志篤於修養，遂給予不同的方式，亦可達到至道、至德的情況。

2. 顓孫師

顓孫師，字子張。為人才高志遠，口直心快，但總是令人感到草率誇張，依此船山遂言「子張最為精疏，總不入聖人條理」，[註16] 其雖欲學聖人之道，屬知道者，但是針對於「『見危致命，見得思義，祭思敬，喪思哀』」，他只在事上見德，所以便只向事上求德，未能真正體會到「至德」、事理背後實際要表達的內涵。船山言：「故孔子曰『知德者鮮矣』，蓋為子張輩歎也」。此外，子張雖未能真知道卻又不放棄於行（能）之上，「子張亦只恁望著聖人做去，卻自揣其力之不足試於人欲之域以得天理，乃便盡著私意往外面鋪張，希圖蓋覆得十分合轍。……，然其不能用力於靜存動察、精義入神，則一也。故曰『過猶不及』，[註17] 但是，又深知自己的能力有限，反只陷在他的「人欲之域以得天理」。總之，由外至內觀子張，可見其心志之不篤，只任己情之所由，又不能存養、省察，無法達至於「中」道，故船山謂之「過猶不及」之人。然而，孔子並未因此而放棄了給予他亦能成德的方法：

> 者乎？故知聖人之言，必不為藥。[註18]

船山指出了夫子以「恭、寬、信、敏、惠」答子張，乃是將全體、大用全都包涵其中。並非只就子張急於求成，即隨隨便便給予一個方法而已。可見得聖人修道立教必有一定擇與執的原則。

3. 仲 由

仲由，字子路，一字季路。子路他對於孔子是敬愛不已，《史記》〈仲尼弟子列傳〉載：「子路性鄙，好勇力，性忼直，冠雄雞，佩豭豚」，也說明了他的性格與形象具剛猛不馴的氣勢。如同他的性格，子路在學聖道路子上，

[註16] 王船山，《讀論語說》〈子張〉，頁 877，同上。
[註17] 王船山，《讀論語說》〈先進〉，頁 756，同上。
[註18] 王船山，《讀論語說》〈陽貨〉，頁 864～865，同上。

其最大困窘即是在以「強不知以爲知」。

> 知」，亦懸坐無據。而陳新安以仕輒而死爲徵，乃不知子路之死不當
> 固執以至於捐軀，抑將如趙盾之拒雍，祭仲之逐突，食言背主，而
> 可謂之「不知爲不知」耶？〔註19〕

子路最大的毛病並非在他不能行道，而是他不知道強爲之知道。

> 要此爲致知言，而不爲行言；故可曰隨所至之量，以自信而不強。
> 如以行言，其可曰能行則行之，不能行則不行也哉？故言知則但可
> 曰「困而知之」，不可曰勉強而知之，而行則曰「勉強而行之」。知、
> 行之不同功久矣。子路勇於行，而非勇於知，有何病而又何藥也。

在體天理之全體大用上，難免會有個人的局限性。誠如之前船山所言，人可
區分爲知道與不知道等，但是，船出並非依此就論斷那類不知道、不能行道
者就沒有成就自我達到聖人所修之道，更何況子路是能勇於行道者。故船山
指出「有何病」。

（二）論孔門弟子中的知之者

1. 顏　回

顏回，字子淵，又稱顏淵。爲孔子所稱道，如《論語》載：其「三月不
違」仁、「不遷怒不貳過」、「簞食瓢飲不改其樂」等，無不述說著他的人格
表徵。船山指出，在他成德形象上：「不遷不貳」是成效的顯現，又可由其「故
己工夫未到時，也須照管」以觀「其心之純粹謹嚴、無間斷」，〔註20〕故言：

> 自顏子言，則不遷、不貳，是天理已熟，恰在己私用事時見他力量，

〔註19〕王船山，《讀論語說》〈爲政〉，頁606，同上。

〔註20〕王船山，《讀論語說》〈雍也〉「故曰『卻不是只學此二事。不遷不貳，是其成
效』。然無怒無過時，既有學在，則方怒方過時，豈反不學？此扼要處放鬆了，
更不得力。故又曰『但故己工夫未到時，也須照管』。總原要看出顏子心地純
粹謹嚴、無間斷處，故兩說相異，其實一揆。易云『有不善未嘗不知』，此是
故己上的符驗：『知之未嘗復行』，是當有過時工夫。可見亦效亦功，並行不
廢。以此推之，則不遷怒亦是兩層該括作一句說。若是無妄妄怒于所不當怒
者，則不復論其遷不遷矣。怒待遷而後見其不可，則其以不遷言者，必其當
怒者也。怒但不遷而即無害於怒，效也；於怒而不遷焉，功也；則亦功、效
雙顯之語也。然夫子於顏子既沒之後，追論其成德，則所言功者，亦已成之
詞矣。」頁665，〈雍也〉又云：「顏子『三月不違仁』，也只三月之內克己復
禮，怒不遷，過不貳，博文約禮，欲罷不能而已。聖學到者一步，是喫緊處，
卻也樸實，所以道『闇然而日章』。更不可爲他添之，遠弄虛脾也。』」頁674
～675，同上。

> 則未過未怒時，其爲學可知已。克己之功，「非禮勿視，非禮勿聽，
> 非禮勿言，非禮勿動」。……若怒與過，具工情之發，不所著，自在
> 天理上見功，不能在己私上得力。〔註21〕

首先，船山由「不遷、不貳」言，此爲天理成熟，在於己應對事物之時方可
以見到所學之成效，成德、近道之情況。在經由格物、物格，以達知至、致
知即修養自我、克己之功。此標準則是在依循天理。

> 怒因於己，不盡因物，而今且克之使因於物，則固執之己私，亦蕩
> 然而無餘矣。夫在物者天理也，在己者私欲也。於其因於己而亦順
> 於天理之公，則克己之功，固蒧以加矣。是豈非靜存之密，天理流
> 行，光輝發見之不容掩者哉？故以知顏子之功爲已至也。怒與過，
> 總是不容把制處。所以然者，則唯其皆成於己也。過者，亦非所遇
> 之境必於得過也，己自過也。己有過，而誰知之乎？……蓋以己察
> 人之過者，是非之心，天理之正也。即奉此大公無私之天理以自治，
> 則私己之心，淨盡無餘，亦可見矣。夫子於此，直從天理人欲，輕
> 重、淺深，內外、標本上，揀著此兩項，以驗顏子克己之功至密至
> 熟、發見不差者而稱之。非顏子不能以此爲學，非夫子亦不深知如
> 此之爲好學，非程朱二子亦無以洗發其本原之深，而豈易言哉！若
> 於怒於過，雖功未至而必有事，則爲初學者言，正未可盡不遷不貳
> 之德也。〔註22〕

船山以顏子能知其過與不及處爲何，在經由克己之功而使己無私心，能順應
天理。才是眞正達至「聖學」、成己之德的人。故船山亦言「今不敢謂顏子之
無異於聖，然不遷怒者，聖學之成，聖功之至也」，〔註23〕而此推究其源乃是
顏子他「心德已純」，由心觀之其心志所趨爲善，又以克己爲功，因此顯現於
外則無一不合於「中庸」之道。

（三）論歷史人物

1. 管 仲

　　管仲，春秋初期齊國人，名夷吾。初跟隨齊襄公之弟公子糾逃至魯國，
襄公被弒，襄公另一弟小白在莒搶先返回齊國接位，以管仲爲相。然而，管

〔註21〕王船山，《讀論語說》〈雍也〉，頁 667～669，同上。
〔註22〕王船山，《讀論語說》〈雍也〉，頁 667～669，同上。
〔註23〕王船山，《讀論語說》〈雍也〉，頁 670～671，同上。

仲具爭議性的人物，孔子曾針對他奢侈、逾越禮節等情況發出「八佾舞於庭，是可忍也，孰不可忍也」的怒歎，然而，論及他對於文化、天下國家上，孔子又言「微管仲，吾其被髮左衽矣！」船山又是如何看待管仲呢？其指出：

> 不以忠信爲主，徒於事跡上見德，將有如管仲之所爲者，非不操之有本，行之有合，於心非無所得，而抑見德於天下矣；乃唯假仁襲義，弗能敦以不息之誠，則所得者凉菲而德以卑。故唯主忠信者爲崇德也。〔註24〕

如果只從事跡的顯示而論管仲，推究其事跡成就上，也許並非他本來所執，也未必眞正切合於他的本心，但是，由所行的而具有事功上論，其致力於天下國家的情況無不合於當時之勢、有利於天下國家。此外，船山又言：

> 夫子不辨管、召之不宜黨弟以爭國，想來初不以此寬仲而鄙忽。蓋齊之難，起於哀公之見弒，則爲襄公之子者，俱有可反國以存宗社之義，非國家無事，長幼有定序，而糾故作逆謀以爭兄位也。桓公與糾皆避難而出，彼此不相通謀。雍廩既殺無知，齊人亟於得主，從魯受盟，而春秋書曰「公及齊大夫盟于蔇」。言「大以爭，斯則過也。」〔註25〕

就歷史事件當時情況而論，管仲時國家社稷有著滅亡的危急，小白與糾皆避難而出。在當時，齊國的大夫皆不知小白的存亡爲何，就國家利益上來說，必求以能當時能有利於國家的一切人事物爲主。依此，船山認爲不能依「忠信」來對管仲加以評斷。

> 又況夫子之稱管仲，曰「微管仲，吾其被髮左衽矣！」向令唐無王、魏，天下豈遂淪胥乎？管仲是周室衰微後斯世斯民一大關係人。王珪既無赫赫之稱，即如徵者，特粉飾太平一諫臣耳。有太宗爲君，房、杜爲相，雖無王、魏，唐自晏然，其視管仲之有無，遠矣。管仲不死請囚之時，胸中已安排下一箇「一匡天下」底規模，只須此身不死，得中材之主而無不可爲。魏徵不死之時，有何把柄？幸逢納牖之主，遇事有言，遂見忠效；倘遇愎忌之君，則更無可自見矣。管仲是仁者，仁之道大，不得以諒不諒論之。魏徵所欲爲者，忠臣也。忠則不欺其君者也。不欺生君而欺死君，口舌之功，安足以贖中心之愿！故朱子之寬假王、魏，不如程子之明允。而管仲、魏徵

〔註24〕 王船山，《讀論語說》〈顏淵〉，頁778，同上。
〔註25〕 王船山，《讀論語說》〈憲問〉，頁806，同上。

之得失，不僅在子糾幼而建成長也。〔註26〕

此外，若就「管仲不死請囚之時，胸中已安排下一箇『一匡天下』底規模，只須此身不死，得中材之主而無不可爲。」，則可見其心之篤實，其行乃是由利於天下國家爲主，故船山認爲「管仲是仁者」，由其行之呈現再觀其心之所由，依此謂之「仁者」。

2. 堯、舜

船山指出「謂堯、舜之所以能爾者，因其天資之爲上哲，則固然矣。」堯與舜他們是能知道者。爲聖人「堯、舜與天合德，故於此看得通透。子之不肖而不傳之，本不利而非正，卻順著天，用他所利所貞者，吾亦以之利而得其正，則所謂『各正性命，保合太和，乃利貞矣。』」，〔註27〕能與天合德，在事理上看得通透，因能擇善固執，其子不肖故不傳。聖人之事還是留於「其吾身所有事之天地萬物」，除此之外非聖人之事。就如同聖人堯在位時，洪水氾濫卻未能治理。但是，治理洪水不是身爲聖人的堯其能力所可以掌控，如此也並不影響人們遵行堯、舜之道。對堯舜的評價，船山在《讀論孟說》中則屢言堯舜之道爲切合天德、體見其性，更可見其推崇。

船山藉由論孔門弟子、歷史人物等等，無不從其所建立的心性、天人架構上加以論述。如在《讀孟子說》〈梁惠王〉篇時觀察君主「全牛之術」，是由君主之心入手，次而再言其方法與手段，以視其能否爲王道。〔註28〕又言「孔子曰『吾其爲東周乎？』抑豈不有大欲存焉？爲天下須他作君師，則欲即是志。人所必不可有者私欲爾。若志欲如此，則從此做去以底於成功，聖賢亦不癈」〔註29〕或論及「證父攘羊」一事等等，無不由心入手，再見其心之所趨的目的性爲何，觀察其他的發展。

四、小 結

船山在經由「中庸」體用概念的揭示，聯結了天與人之關係，由「在人之天道」中得知，人成德修己之道的方向。無論在「知」「能」有所局限的愚、

〔註26〕王船山，《讀論語說》〈憲問〉，頁806，同上。

〔註27〕王船山，《讀孟子說》〈萬章上〉，頁1037，同上。

〔註28〕王船山，《讀孟子說》〈梁惠王〉，「不知此乃孟子就梁王問利處婉轉說入，言即欲利國，亦有仁義而已矣，何必利而後爲利！……故雖以淺言之，而不遽梁王沈錮之非心，以引之當道。」頁896，同上。

〔註29〕王船山，《讀孟子說》〈梁惠王〉，頁899，同上。

不肖、小人、智者、賢者等皆可經由不斷的努力學習，而達到「知」「能」合
的境界。如此的修養方向就在於不斷的存養、省察、克己的功夫之上。此即
宋明以來學者極力推動的天人之際合的情狀。當然，若再細究人身而言，就
得由心入手，知其心之志之所**趨**，若有不善者即可以格、致、誠、正使其歸
正，得「正之心」，也唯有心正，心誠，方可眞正的體會中庸之道。船山言：

> 知人則權在人，故曰『知人則哲，惟帝其難之。』……蓋人之難知，
> 不在於賢不肖，而在於枉直。賢之無嫌於不肖，不肖之過異於賢，
> 亦粲然矣。特有枉者起焉，飾惡爲善，矯非爲是，於是乎欲與辨之
> 而愈爲所惑。今且不問其善惡是非之跡，而一以枉直爲之斷。其直
> 也，非，可正之以是也，陷於惡，可使向於善也，則舉之也。其枉
> 也，則雖若是焉若善焉，而錯之必也。如此，而人不相飾以善，不
> 相爭於是，不相掩於惡，不相匿於非，而但相戒以枉。枉者直，則
> 善者著其善，不善者服其不善，是者顯其是，非者不護其非，於以
> 分別善惡是非而不忒，又何難哉！此所謂知人之方也。〔註30〕

船山在《讀論孟說》、《讀通鑑論》等書中，屢言知人之難，誠如其所言，人
難知在於其心、在於其表現之枉直，那個評價才是眞正切合於那人的論述呢？
由心所執之志入手、由其行爲的表現觀察等等，但是，最重要的是，評論者
的心中必要有一定的準則，否則人相飾以善、相爭、相掩等，又如何能眞正
察視人物呢？船山必藉由此心性論到知人之學的架構建立上，用以作爲其評
鑑人物的依據，以達其鑑古知今的知識份子使命。又其觀察人物的方式又非
已往只由外貌、行爲表現

　　等形態上評論而已，是將抽象理論與實際人生二者作一有效性的結合和
反思。

〔註30〕 王船山《讀論語說》〈顏淵〉，頁 784～785，同上。

附　錄

凡例：A-22/1-1

一、A表《讀大學說》；B表《讀中庸說》；

二、「22」表《讀大學說》中論及朱子的言論有共有 22 條，「/1」表示此條為 22 中的第 1 條，「-1」為《讀大學說》列於「對於朱子說有所疑或責備者」中的第 1 條。

編號	書　名	內　　　　容	頁數
		⊙對於朱子說有所疑或責備者	
1.	讀大學說	朱子「心屬火」之說，單舉一臟，與肝脾肺腎分治者，其亦泥矣。A-22/1-1	395
2.	讀大學說	朱子說「定、靜、安、慮、得是功效次第，不是工夫節目」。謂之工夫，固必不可。A-22/2-2	398
3.	讀大學說	朱子於正心之心，但云「心者身之所主也」，小註亦未有委悉及之者，將使身與意中閒一重本領，不得分明。A-22/3-3	400
4.	讀大學說	朱子說「格物、致知只是一事，非今日格物，明日又致知」，此是就者兩條目發出大端道理，非竟混致知、格物為一也。A-22/4-4	402
5.	讀大學說	小註謂「已知之理」，承小學說來，此乃看得朱子胸中原委節次不妄處。乃既以小學所習為已知之理，則亦洒掃應對進退之當然，禮樂射御書數之所以然者是也。以此求之，傳文「天下之物莫不有理」八字，未免有疵。只此洒掃應對進退、禮樂射御書數，約略旁通，已括盡脩齊治平之事。自此以外，天下之物，固莫不有理，而要非學者之所必格。若遇一物而必窮之，則或如張華、段成式之以成其記誦詞章之俗儒，或且就翠竹黃花、燈籠露柱索覓神通，為寂滅無實之異端矣。A-22/5-5	408

6.	讀大學說	則朱子自欺欺人之說，其亦疏矣。A-22/6-6	417
7.	讀大學說	朱子所稱「敬以直內」，尚未與此工夫相應。A-22/7-7	420
8.	讀大學說	蓋朱子所說，乃心得正後更加保護之功，而非欲脩其身者，為吾身之言行動立主宰之學。……則似朱子於此「心」字，尚未的尋落處，不如程子全無忌諱，直下「志」字之為了當。朱子亦已明知其不然，故又以操則存、求放心、從大體為徵。A-22/8-8	422
9.	讀大學說	朱子說「鑑空衡平之體，鬼神不得窺其際」，此語大有病在。A-22/9-9	424
10.	讀大學說	「識端推廣」，乃朱子從言外衍說，非傳意所有。A-22/10-10	429
11.	讀大學說	朱子「交代官」、「東西鄰」之說，及周陽繇、王肅之事，皆且就絜矩上體認學問，姑取一人之身以顯絜矩之義，而非以論絜矩之道。A-22/11-11	435
12.	讀大學說	孟子論世之說，真讀書者第一入門法。惜乎朱子之略此也！A-22/12-12	435
13.	讀大學說	朱子或有不察，則躐等而不待盈科之進，如此類者，亦所不免。A-22/13-13	441
14.	讀中庸說	此或朱子因他有所論辨，引中庸以證之，非正釋此章語。輯章句者，喜其足以建立門庭，遂用祝本語，非善承先教，成全書者也。自當一從元本。B-33/1-1	457
15.	讀中庸說	章句「人知己之有性」一段，是朱子借中庸說道理，以辨異端，故或問備言釋、老、俗儒、雜伯之流以實之，而曰「然學者能因其所指而反身以驗之」，則亦明非子思之本旨也。B-33/2-2	457
16.	讀中庸說	教之為義，章句言「禮樂刑政之屬」，儘說得開闊。然以愚意窺之，則似朱子緣中庸出於戴記，而欲尊之於三禮之上，故諱專言禮而增樂、刑、政以配之。B-33/3-3	460
17.	讀中庸說	朱子於此，言下自有活徑，特終不如或問之為直截耳。B-33/4-4	466
18.	讀中庸說	第九章之義，章句、或問本無疵瑕，小註所載朱子語錄，則大段可疑。B-33/5-5	485
19.	讀中庸說	然朱子於此，則已多費轉折，而啟後人之疑。是其為疵，不在存游氏瓜分道、德之說，而在輕用康成「唯聖知聖」之膚解。康成之於禮，其得當者不少，而語及道、德之際，則豈彼所能知者哉？因仍文句，而曰「唯聖知聖」，則其訓詁之事畢矣。朱子輕用其說，而又曲為斡旋，則胡不直以經綸、立本、知化為聖人之化，而以至誠之不待有倚而自肫肫、淵淵、浩浩者為敦化之德之為安乎？B-33/6-6	577
⊙疑為朱子門人詮釋有誤			
20.	讀大學說	如此迂誕鄙陋之說，必非朱子之言而為門人所假託附會者無疑。A-22/14-1	402

21.	讀大學說	又其大不可者，如云「未來不期，已過不留，正應事時不爲繫縛」，此或門人增益朱子之言，而非定論。不然，則何朱子顯用佛氏之邪說而不恤耶？A-22/15-2	420
22.	讀中庸說	章句「未及乎達德」句有病，不如小註所載朱子「恐學者無所從入」一段文字爲安。B-33/7-1	521
23.	讀中庸說	小註所載朱子語錄，是門人記成文字時下語不精通。B-33/8-2	537
24.	讀中庸說	此章之大迷，在數字互混上。朱子爲分析之以啓其迷，乃後來諸儒又執所析以成迷，此訓詁之學所以愈繁而愈離也。B-33/9-3	554
25.	讀中庸說	故知小註朱子之所云，必其門人之誤記之也。B-33/10-4	562
26.	讀中庸說	小註所載朱子之說，顯與或問相悖。至所云「破作四片」、「破作八片」，蒙頭塞耳，全無端緒，必其門人之傳訛，非朱子之言也。B-33/11-5	571
⊙對於朱子說法予以肯定			
27.	讀大學說	先王以樂教人，固如朱子說，以調易人性情。A-22/16-1	394
28.	讀大學說	朱子曰：「不成有一物可見其形象。」又曰：「無時而不發現於日用之閒。」其非但爲初生所受明矣。A-22/17-2	405
29.	讀大學說	今讀朱子「無時而不發現於日用之閒」一語，幸先得我心之所然。A-22/18-3	405
30.	讀大學說	朱子亦已明知其不然，故又以操則存、求放心、從大體爲徵。A-22/19-4	423
31.	讀大學說	朱子預防其弊，而言誠、言推，顯出家國殊等來。A-20-5	431
32.	讀大學說	若論到倒子處，則必「得眾得國」、「失眾失國」，方可云「以得之」、「以失之」。特爲忠信、驕泰原本君心而言，不可直恁疏疏闊闊，籠統說去，故須找出能絜矩不能絜矩，與他做條理。但如吳季子之說，意雖明盡，而於本文直截處不無騰頓，則終不如朱子以「天理」二字大概融會之爲廣大深切而無滲也。A-22/21-6	443
33.	讀大學說	發之爲義，不無有功，而朱子以凡出於己者言「發己」，則以其門人所問發爲奮發之義，嫌於矯強，故爲平詞以答之。A-22/22-7	445
34.	讀中庸說	朱子生佛、老方熾之後，充類而以佛、老爲無忌憚之小人，固無不可。B-33/12-1	453
35.	讀中庸說	朱子所云「非謂不戒懼乎所睹、所聞，而只戒懼乎不睹、不聞」，自是活語，以破專於靜處用功、動則任其自然之說。B-33/13-2	462
36.	讀中庸說	此朱子徹底窮原，以探得莫見莫顯之境，而不但如呂氏以「人心至靈」一言，爲儱侗覆蓋之語也。B-33/14-3	465

37.	讀中庸說	繹朱子之意，本以存養之功無閒於動靜，而省察則尤於動加功；本緣道之流行無靜無動而或離，而隱微已覺則尤為顯見，故「道不可離」之云，或分或合，可以並行而不悖，則微言雖礙，而大義自通。B-33/15-4	466
38.	讀中庸說	朱子為貼出「各有攸當」四字，是喫緊語。B-33/16-5	471
39.	讀中庸說	朱子於此見之真，而下語斟酌，非躁心所易測也。B-33/17-6	474
40.	讀中庸說	不可誤認朱子之意，以民之鮮能為反中庸。B-33/18-7	478
41.	讀中庸說	以朱子元在發而皆中之節上言無過不及，則亦言道之用而已。B-33/19-8	482
42.	讀中庸說	朱子一片苦心，為分差等，正以防此混亂，何諸子之習而不察也！B-33/20-9	499
43.	讀中庸說	字朱子之詁，而勿為後儒所惑，是以讀大全者之貴於刪也。B-33/21-10	500
44.	讀中庸說	黃氏云「上下通踐其位」，大破群疑，而於以為功於朱子者不小矣。B-33/22-11	512
45.	讀中庸說	朱子引書「皇建其有極」以釋此，極為典核。B-33/23-12	514
46.	讀中庸說	此處不是初有事於仁者之能親切，故曰「深體味之可見」，是朱子感動學者令自知人道處。雙峰之孟浪，其不足以語此，又何責焉！B-33/24-13	516
47.	讀中庸說	朱子此說，其善達聖言而有功於初學者極大，章句顧不取之，何也？B-33/25-14	522
48.	讀中庸說	張子顯以明善為豫，正開示學者入德之要，而求之全篇，求之本文，無往不合。朱子雖不取其說，而亦無以折正其非，理之至者不可得而易也。B-33/26-15	528
49.	讀中庸說	須知朱子是隳括來說簡題目，便人記憶。B-33/27-16	540
50.	讀中庸說	此朱子喫緊示人語，轉折分明，首尾具足，更不囫圇蓋覆。B-33/28-17	541
51.	讀中庸說	抑朱子以盡心為盡其妙用，盡性為盡其全體，以體言性，與愚說同。B-33/29-18	542
52.	讀中庸說	陳氏死認朱子「黎民於變時雍，鳥獸魚鼈咸若」之語，便煞著堯、舜說。不知朱子本文一「如」字，是活語，極其至處，則時雍咸若皆非分外。然抑豈必時雍咸若而後能盡人物之性，以幾於贊化參天也哉？B-33/30-19	544
53.	讀中庸說	中庸每恁渾淪說，極令學者誤墮一邊。唯朱子為能雙取之，方足顯君子合聖，聖合天，事必稱理，道凝於德之妙。下此如譚、顧諸儒，則株守破裂，文且不達，而於理何當哉？至於史伯璿、許東陽之以自成為自然而成，饒雙峰之以合外內而仁知者為誠，雲峰之以性之德為未發之中，則如卜人之射覆，恍惚億測，歸於妄而已。B-33/31-20	556

| 54. | 讀中庸說 | 朱子語錄分有位無德而不敢作禮樂爲不自用,有德無位而不敢作禮樂爲不自專,孔子不從夏、商爲不反古,文義極順。B-33/32-21 | 566 |
| 55. | 讀中庸說 | 廣平以上章爲至聖之德,此爲至誠之道,語本有病,必得朱子「誠即所以爲德」一語以挽救之,而後說亦可通。B-33/33-22 | 576 |

參考資料

一、船山原典部份（以本論文相涉者爲主）

1. 《讀四書大全說》，《船山全書》，（明）王夫之，嶽麓書社出版，1996 年 12 月。

2. 《讀四書大全說》，《船山遺書全書》，（明）王夫之著，中國船山學會、自由出版社聯合印行。

3. 《四書箋解》，《船山全書》，（明）王夫之，嶽麓書社出版，1996 年 12 月。

4. 《船山思問錄》，（明）王夫之，上海古籍出版社，2000 年 12 月。

5. 《張子正蒙注》，（明）王夫之，世界書局，民國 1960 年 5 月再版。

6. 《讀通鑑論》，（明）王夫之，里仁書局，1985 年 2 月。

7. 《讀宋論》，（明）王夫之，里仁書局，1985 年 2 月。

8. 《說文廣義》，《船山遺書全書》，（明）王夫之著，中國船山學會、自由自由出版社聯合印行。

9. 《噩夢》，（明）王夫之，世界書局，1988 年 4 月。

10. 《薑齋文集》，（明）王夫之，平慧善注譯，三民書局，1998 年 4 月。

11. 《王船山詩文集》，（明）王夫之，中華書局，2000 年 1 月。

二、後人研究船山之專書

1. 《船山學譜》，廣文書局，1975 年 4 月。

2. 《明王船山生生夫之年表》，王雲五主編，民國張西堂編，臺灣商務印書館，1978 年 7 月。

3. 《王船山學術討論集》上下冊，中華書局，1965 年 8 月。

4. 《王船山的致知論》，許冠三，中文大學出版，1981 年初版。

5. 《王船山之道器論》，戴景賢，廣學社印書館，1982 年 12 月。

6. 《王船山哲學》，曾昭旭，遠景出版社，初版 1983 年 2 月，再版 1996 年 5 月。

7. 《王船山人性史哲學之研究》，林安梧，東大圖書，1991 年 2 月。

8. 《船山詩論及創作研究》，譚承耕，湖南出版社，1992 年 10 月。

9. 《船山哲學引論》，蕭萐父，江西人民出版社，1993 年 12 月。

10. 《王夫之研究文集》，夏劍欽，河北教育出版，1995 年 10 月。

11. 《大儒列傳——王夫之》，袁爾鉅，吉林文史出版社，1997 年 2 月。

12. 《王夫之與中國文化》，胡發貴，貴州人民出版社，2000 年 10 月。

13. 《正學與開新——王船山哲學思想》，張立文，人民出版社，2001 年 12 月。

14. 《船山哲學》，張立文，七略出版社，2002 年 12 月。

15. 《王船山張子正蒙注研究》，劉榮賢，1983 年 12 月，私立東海大學中文研究所，碩士論文。

16. 《王船山《尚書引義》政治實踐問題之研究》，張靜婷，1999，國立中央大學中文研究所，碩士論文

三、後人研究船山之專文

1. 〈論王船山之即氣言體上、下〉，曾昭旭，《鵝湖》，1976 年 4 月、5 月。

2. 〈讀船山論慎言〉，曾昭旭，《鵝湖》，1977 年 6 月。

3. 〈船山論道生於餘情〉，曾昭旭，《鵝湖》，1977 年 9 月。

4. 《宋元學案》，（明）黃宗羲、（清）全祖望補撰、（清）王梓材等校，世界書局，1961 年。

5. 〈簡論王夫之對張載哲學的發展〉黃小榕，《中山大學學報》，1985 年 1 月。

6. 〈論王夫之對張載樸素辯証法之繼承和發展〉，周兆茂，《安徽師大學報》（哲社版），1985 年第 3 期。

7. 〈論王船山在學術史上之地位問題——兼論清代學術之性格與梁著、錢著《中國近三百年學術史》之觀點，曾昭旭，《中山大學第一屆清代學術研討會論文集》，1989 年，11 月。

8. 〈從氣論進路說船山的人道論思想〉，杜保瑞，《哲學與文化》，1993 年 9 月，第 20 卷第 9 期。

9. 〈從王船山的本體論看其人性論〉，潘小慧，《哲學與文化》，1993 年，第 20 卷第 9 期。

10. 〈王夫之一元論哲學探析〉，吳遠，《中國哲學史》，1995 年第 1 期。

11. 〈知識理性與價值理性——中國古代文本闡釋的雙軌與多維〉，王勛敏，

《湖北大學學報》，1996 年第 2 期。

12. 〈王夫之人學理論探析〉，邵顯俠，《中國哲學史》，1996 年第 4 期。

13. 〈明末清初關於「格物致知」的一些問題——以王船山人性史哲學為核心的宏觀理解〉，林安梧著，《文哲研究集刊》，1999 年 9 月。

14. 〈王船山論習與性〉陳忠成，《孔孟學報》，32 期。

15. 〈思問錄與王船山〉甲凱，《中央月刊》。

16. 〈王船山之論「理與」「心與理」的探究——船山哲學導論之一〉，黃繼持，《大陸雜誌》，第 35 卷第 12 期。

17. 〈王船山先生思想述要〉，梁寒操，《中華文化復與月刊》，第 5 卷第 11 期。

18. 〈王船山學說〉，李國英，《孔孟學報》第 12 期。

19. 〈王船山論惡的問題——以情才為中心的分析〉，陳祺助，《鵝湖月刊》第 28 卷第 3 期。

四、其他專著部份

1. 《傳習錄》，（明）王守仁，臺灣商務印書，1994 年 1 月。

2. 《朱子語類》，（宋）黎靖德編，王星賢點校，中華書局，1999 年 6 月北京第 4 次印刷。

3. 《四書或問》，（宋）朱熹撰，黃珅校點，上海古籍出版社，2001 年 12 月。

4. 《四書讀本——論語》，（宋）朱熹集註，蔣伯潛廣解，啟明書局。

5. 《四書集註》，朱熹，大孚書局，1996 年 7 月。

6. 《說文解字注》，（漢）許慎，（清）段玉裁注，黎明文化事業，1996 年 9 月 12 刷。

7. 《中國哲學史》，蕭萐甫、李錦全主編，人民出版社，1983 年 10 月。

8. 《宋明理學史》，侯外廬、邱漢生、張豈之主編，人民出版社，1987 年 6 月。

9. 《中國哲學史》馮友蘭，臺灣商務印書館，1944 年 4 月增訂初版，1996 年 11 月增訂臺一版第三印刷。

10. 《中國近三百年學術史》，梁啟超，里仁書局，1995 年。

11. 《晚明思想史論》，嵇文甫，東方出版，1996 年 9 月第 2 次印刷。

12. 《中國哲學原論》原教篇，唐君毅，台灣學生書局，1980 年 9 月。

13. 《中國哲學史》，勞思光著，三民書局，1998 年 2 月。

14. 《理學的演變——從朱熹到王夫之戴震》，蒙培元，福建人民出版，1998 年 4 月第 2 版。

15. 《中國理學》，潘富恩、徐洪興，東方出版，2002 年 6 月。

16. 《中國思想史》，葛兆光，復旦大學出版社，2002 年 8 月第三刷。

17. 《學庸論文集》，吳康等，黎明文化，1982 年 10 月再版。

18. 《四書導讀》，黃錦鋐、余培林、陳滿銘、張學波，文津，1987 年 2 月。

19. 《四書釋義》，錢穆，素書樓，1990 年 11 月。

20. 《明中晚期理學兩大宗派的對峙與合流》，于化民，文津，1993 年 2 月。

21. 《朱子學與明初理學的發展》，祝平次，臺灣學生書局，1994 年 2 月。

22. 《朱子思想研究》，張立文，中國社會科學出版社，1994 年 9 月。

23. 《中國哲學的特質》，牟宗三，台灣學生書局，1994 年 8 月。

24. 《儒家思想：以創造轉化爲自我認同》，杜維明，東大圖書，1997 年 11 月。

25. 《原儒》，熊十力，明文書局印行，1997 年 3 月再版。

26. 《晚明學術與知識分子論叢》，周志文，大安出版社，1999 年 3 月。

27. 《中國讀書人的理想人格》，周光慶，湖北教育出版社，1999 年 8 月。

28. 《理則學》，牟宗三，正中書局，1999 年 12 月臺初版第十四次印行。

29. 《知識分子論》Representations of the Intellectual: The 1993 Reith Lectures，Edward W. Said，單德興譯，麥田出版社，2000 年 2 月初版六刷。

30. 《中國古典哲學概念範疇要論》，張岱年，2000 年 3 月第 3 次印刷。

31. 《新人學》，張立文，廣東人民出版，2000 年 8 月。

32. 《朱子哲學》，陳來，華東師範大學出版，2000 年 9 月第一版。

33. 《道、學、政——論儒家知識分子》，（美）杜維明著，錢文忠、盛勤譯，上海人民出版社，2000 年 10 月。

34. 《教育心裡學——三化取向的理論與實踐》，張春興，台灣東華書局，2002 年 2 月修訂版第二十四次印刷。

35. 《宋代理學三書隨箚》，錢穆，北京生活、讀書、新知三聯書店，2002 年 8 月。

36. 〈開展中國哲學固有概念範疇的研究〉，張岱年，《中哲史》，1982 年第 1 期。

37. 〈宋代疑經思潮與理學的形成〉，曹錦清，《复旦學報》（社科版），1985 年第 1 期。

38. 〈大學格物別解〉，何澤恆，《漢學研究第》18 卷第 2 期，1990 年 12 月。

39. 〈宋明儒學的中心課題〉，杜維明，《哲學研究》，《天府新論》，1996 年第 2 期。

40. 〈宋明理學非儒家論〉，孫景壇，《南京社會科學》，1996 年第 4 期。

41. 〈知識理性與價值理性——中國古代文本闡釋的雙軌與多維〉，王勛敏，

《湖北大學學報》，1996 年第 2 期。

42. 〈對中國哲學表達方式的思考〉，陳慶坤，《吉林大學社會科學學報》，1997 年第 1 期。

43. 〈張載的「四書學」〉，龔杰，《哲學與文化》，1997 年 10 月第 24 卷 10 期。

44. 〈儒學的歷史形態及其社會價值〉，石傳良，《遼寧師範大學學報》（社科版）1998 年第 4 期。

45. 〈試論朱熹的歷史人物評價法〉，湯勤福，《上饒師專學報》，1998 年 10 月第 18 卷第 5 期。

46. 〈「元獻精神」與孔子中庸思想〉，陳科華、劉鳳健，《齊魯學刊》，1998 年第 5 期。

47. 〈仁本禮用 —— 儒家人學的核心觀念〉，吳光，《文史哲》，1999 年第 3 期。

48. 〈天人關係：中國古代人學的本體基礎〉，喬清舉，《文史哲》，1999 年第 4 期。

49. 〈簡論中庸思想的發展〉，陳廣西、王延濤，《開封教育學院學報》，第 20 卷第 3 期，2000 年 9 月。

50. 《《中庸》及其現代價值〉，陳改桃，《沈陽教育學院學報》，2001 年 3 月，第 3 卷第 1 期。

51. 〈論創建中國解釋學問題〉，湯一介，《社會科學戰線》，2001 年第 1 期。

52. 〈論宋初的文化憂患意識 —— 兼論經學變古的歷史必然性〉，楊世文，《四川大學學報》（哲學社會科學版），2001 年第 5 期。

53. 〈解釋學與中國哲學〉，景海峰，《哲學動態》，2001 年，第 7 期。

54. 〈經典詮釋 —— 論朱熹的詮釋思想〉，潘德榮，《中國社會科學》，2002 年第 1 期。

55. 〈宋代四書學產生的歷史動因〉，陸建猷，《西安交通大學學報》（社會科學版），2001 年 3 月翁 21 卷第 1 期。

56. 〈走向真實的哲學史 —— 中國哲學史研究的若干問題〉，楊國榮，《社會科學論壇》，2002 年第 3 期。